지극히 사적인 이탈리아

지극히 사적인 이탈리아

알베르토와 함께 떠나는 이탈리아 여행

알베르토 몬디 · 이윤주 지음

틈새책방

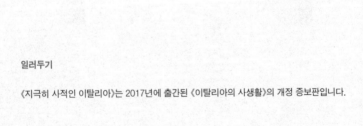

일러두기

《지극히 사적인 이탈리아》는 2017년에 출간된 《이탈리아의 사생활》의 개정 증보판입니다.

최근 세종학당재단국외의 한국어 및 한국 문화 교육 기관 '세종학당' 을 지원하는 공공 기관의 홍보 대사로 활동하면서 촬영 일로 이 탈리아 로마에 갔다. 로마의 세종학당 학생들을 만나 이탈리 아의 한국어 교육 현황에 대해 이야기를 듣고, K-POP과 한 국 문화를 좋아하는 이탈리아 청소년들 그리고 인플루언서 를 만날 수 있었다.

2006년 내가 베네치아 카포스카리 대학교의 동아시아학 과를 졸업했을 때만 해도 이탈리아에는 나폴리에만 한국어 학과가 있었다. 이제는 로마에 위치한 세종학당을 비롯해 나 폴리, 베네치아, 로마, 볼로냐, 시에나, 밀라노의 대학교에서 한국어와 한국 문화를 공부할 수 있고, 매년 신입생 수가 늘 정도로 한국에 대한 관심이 점점 높아졌다.

주로 한국 방송국의 촬영으로 이탈리아를 갔던 코로나 19 이전과 달리 지금은 한국 시장에 진출하려는 이탈리아 기업과 이탈리아에서 홍보하고 싶은 한국 기업을 위한 출장들이 갑자기 늘었다. 또한 몇십 년 만에 이탈리아 관광부 장관과 이탈리아 관광 사업 대표단이 공식적으로 한국에 방문했다. 아시아 대륙에서 인구 대비 이탈리아를 제일 많이 찾는 관광객들이 바로 한국인이며, 동시에 한국을 찾는 이탈리아 관광객 역시 매년 두 배 이상 증가하면서 한국의 중요성을 깨달았기 때문이다.

2024년은 대한민국과 이탈리아 수교 140주년이라 양국의 문화, 경제, 정치 교류가 더욱 풍성하고 깊어질 것이다. 2007년 처음 한국 땅을 밟았을 때보다 한국의 위상이 높아지는 것을 실시간으로 지켜본 나로서는 마음이 뿌듯하다. 이런 긍정적인 변화를 통해 양쪽에서 '다리'의 역할을 좀 더 부지런히, 전문성 있게 해야 한다는 의무감도 느낀다.

2017년 《이탈리아의 사생활》이란 제목으로 출간한 책을 오랜만에 읽어 보고, 예전과는 달라진 것들과 코로나 19로 인한 변화들을 반영하고, 부족한 부분들을 보충했다. 여기에 새로운 내용들을 추가해 《지극히 사적인 이탈리아》라는 이름으로 개정 증보판을 냈다. 한국인들이 많은 관심을 가지고 있는 이탈리아 음식에 대해 더 자세한 정보를 추가하고, 이탈리아의 언어, 문학, 마피아 그리고 세리에A에서 김민재 선수의 활약까지 다루었다.

첫 책처럼《지극히 사적인 이탈리아》역시 이탈리아를 완벽하게 설명하려는 책은 아니다. 그저 한국을 사랑하며 여전히 한국을 공부하고, 그러면서도 나의 조국 이탈리아를 조금이라도 더 정확하게 알리고 싶은 한 외국인의 이야기로 봐주시면 좋겠다.

이 책이 이탈리아에 대한 선입견을 조금이나마 깨뜨리고, 이탈리아 여행이나 유학을 준비하는 한국 독자들에게 도움이 되었으면 한다. 내 이야기를 통해 이탈리아를 더 친숙하게 느끼고, 호감이 가는 나라가 된다면 좋겠다. 나는 앞으로도 이탈리아에 대한 이야기를 멈추지 않을 것이다. 나를 '다리' 삼아 많은 분들이 이탈리아의 진면목을 알 수 있도록 최선을 다해 보려고 한다.

2023년 12월
알베르토 몬디

국가를 정의하기란 쉽지 않다. 단일 민족으로 이뤄진 나라도 있고, 또 어떤 나라는 다양한 민족이 함께 어울려 국가를 구성하기도 한다. 역사적인 사건들 때문에 생긴 나라도 있다. 제국주의 국가들이 지도를 가운데 두고 선을 그어가며 국경선을 정하는 바람에 생겨난 나라들도 있다.

대한민국, 이탈리아, 중국, 미국이라는 말은 국경선으로 둘러싸인 영토를 뜻하지만, 우리가 한 나라의 이름을 입에 올릴 때는 그 나라의 사람들, 그리고 그 나라의 과거와 현재를 의미한다. 그래서 '대한민국'이라는 말보다 '대한민국 영토 내에 있는 환경과 한국인들의 역사와 문화', '이탈리아'라는 말보다 '이탈리아 영토 내에 있는 환경과 사람들의 역사와 문화'라는 말이 더 정확할 수도 있다.

사람들이 여행하거나 외국에서 생활할 때, 그 나라와 사랑에 빠지거나, 해당 국가를 싫어하거나, 그리워하는 다양한 감정을 갖게 되는 이유는 결국 그 나라의 환경, 사람들, 역사와 문화 때문이다. 그래서 나는 외국에 머무를 때 그 나라 사람들과 시간을 보내고, 이해하며 노력하는 것이 가장 중요하다고 생각한다.

내가 보기에 스스로 성장할 수 있는 방법은 세 가지다. 새로운 사람을 만나거나, 살고 있는 환경을 변화시키거나, 매일 하는 일상적인 일들을 바꾸는 것이다. 이 세 가지를 한번에 할 수 있는 방법이 있으니 바로 여행이다. 익숙한 공간, 사람들과 이별하고 완전히 새로운 하루를 시작해야 비로소 뭔가를 배울 수 있다고 생각한다.

그런 이유로 이탈리아에서 대학을 졸업하고, 전공과 관련 있는 동아시아를 체험하고 싶어, 한국에 온 지 10년이 지났다. 그동안 나는 많은 것을 보고, 좋은 친구들을 만났으며, 이탈리아의 작은 도시에 남아 있었다면 하지 못했을, 엄청난 경험을 할 수 있었다. 한국에 처음 왔을 때, 사실 한국의 매력을 잘 느끼지 못했고 생활도 힘들었다. 그러나 한국 사람들을 만나고 친해지고, 그들의 생활 속으로 들어가면서 상황이 완전히 바뀌었다. 한국을 조금씩 이해하고, 숨겨진 매력과 아름다움을 발견하면서 한국과 사랑에 빠져 10년 동안 살게 되었다. 한국과 한국 사람들 덕분에, 내 나라가 아닌 남의 나라에서 보낸 10년은 아주 값지고 의미 있었다.

지난 10년 동안 일개 외국인인 나를 도와주고, 말을 가르쳐 주고, 좋은 곳을 소개해 주고, 아름다운 한국 문화를 알려 준 한국 사람들에게 보답하기 위해 이탈리아에 동행해 가이드를 해 주고, 즐거운 시간을 보내고 싶었다. 하지만 그럴 수 없기에 이탈리아에 관심이 있거나 이탈리아를 여행할 한국인들에게 조금이나마 도움이 되고, 좋은 것을 소개해 주는 현지인 친구가 돼 주고 싶었다. 그런 의미에서 많은 사람들에게 깊이 감사하는 마음을 이 책에 담았다.

언어의 한계 때문에 하고자 하는 말을 혼자 담기 힘들 것 같아 이윤주 작가님과 함께 집필했다. 나 혼자 썼다면 아마 한국에서 지낸 시간만큼 걸렸을지도 모른다. 오랜 시간 동안 이탈리아에 대한 많은 이야기를 듣고 완벽하게 글로 다듬어 주신 이윤주 작가님께 깊이 감사드린다. 또, 책 출판을 제의하고 한 권의 책을 만들기 위해 많은 회의를 하고 같이 고민해 주신 틈새책방 홍성광 편집장님과 이민선 대표님께도 고마움을 전하고 싶다. 이탈리아와 한국의 가족들, 그리고 사

랑하는 아내 지은과 아들 레오나르도에게 이 책을 전하고
싶다.

책에 나오는 이탈리아에 대한 에피소드들은 나의 개인적
인 경험이고 의견이기 때문에 다른 이탈리아 사람들의 생각
과 다를 수 있다. 한국에 10년 동안 지냈기 때문에 한국에서
받은 영향도 있을 것이다. 그저 왜 이탈리아 사람들이 그런
행동을 하는지, 왜 그런 문화가 생겨났는지 같은 물음에, 이
탈리아 북부 베네치아의 한 마을에서 20대 중반까지 살다 온
한 청년의 입장에서 대답해 주는 안내서로 여기면 좋겠다.

이탈리아 속담에 "먼저 여행의 동반자를 구하라. 그다음에
길을 찾아도 된다Prima cerca il compagno, poi la strada."라는 말이
있다. 이 책이 이탈리아로 가는 길을 찾기 전에, 이탈리아와
이탈리아인의 생활을 이해하고 가까이 다가갈 수 있는 동반
자가 됐으면 한다.

2017년 5월
한국에 온 지 10년째 되는 날,
알베르토 몬디

차례

"La vita scorre,
la vita esplode comunque anche nei luoghi
dove tu probabilmente non andrai mai,
anche nelle città dal nome difficile da dire,
nelle province, nelle capanne,
la vita esplode e l'emozione è l'emozione."

"삶은 계속해서 흘러,
모든 곳에서 흐르고 흐른다.
평생 가 보지 못할 곳에서,
이름조차 발음하기 어려운 도시에서,
시골에서, 판잣집에서도
삶은 어디에서나 폭탄처럼 터지고 그 감정은 어디에서나 똑같다."

Lorenzo Cherubini "Jovanotti"
(로렌초 케루비니 "조바노티", 가수)

커피,
이탈리아인의 쉼표

"A riempire una stanza basta una caffettiera sul fuoco."

"불 위의 커피포트 하나로 방 안을 따뜻하게 채울 수 있다."

Erri De Luca
(에리 데 루카, 시인)

———— 5분의 의식

이탈리아인을 기분 나쁘게 만드는 방법이 있다. 아주 간단하다. 맛없는 커피를 주면 된다. 이탈리아 사람들에게 커피는 후식이 아니라 의식이다. 하루의 출발이자 쉼표이며, 에너지이고, 고유의 취향을 보여 주는 정체성이기도 하다.

30밀리리터 에스프레소 한 잔을 마시는 순간만큼은 모든 걸 잊고 여유를 누린다. 즐기는 시간 자체는 중요하지 않다. 단 5분이라도 여유로워야 한다. 커피 향부터 바닥의 거품까지 완전히 즐긴 다음, 잔을 내려놓을 때까지 천천히 음미해야 한다. 애연가들이 바쁜 일과 중에 담배 한 모금으로 잠시나마 자기만의 시간을 갖는 것에 비견될 수 있다.

한국에서는 커피를 일회용 컵이나 텀블러에 담아 마시면서 일하는 모습이 흔하다. 이탈리아에서는 테이크아웃 개념이 없다. 기본적으로 '커피=에스프레소'이기 때문에 굳이 들고 나갈 이유가 없기도 하고, 커피 브레이크coffee break 자체가 중요하기 때문이기도 하다. 무엇보다 이탈리아인들이 가장 견디기 어려워하는 것 중에 하나가 '종이컵에 담긴 커피'이기 때문이기도 하다. 이탈리아에서는 컵의 온도마저 중요하게 여긴다. 그래서 커피 잔들은 언제나 따뜻한 커피 머신 위

로마의 어느 카페. 이탈리아 사람들에게 커피는 쉼표이자 정체성이다.

에 놓여 있다. 커피는 커피 잔에 담겨야 한다! 향과 맛을 조금이라도 해치지 않도록 말이다.

─── 이탈리아에 스타벅스라니!

하루를 시작할 때 마시는 에스프레소가 엉망이면 그날을 망치는 것과 같다. 그래서 이탈리아인에게는 대개 단골 카페가 있다. 잘 모르는 가게에서 위험을 감수할 이유가 없다.

지극히 사적인 이탈리아

커피에 대한 이런 까다로운 취향 때문에 스타벅스의 이탈리아 상륙이 어려웠다. 내 취향을 모르는 직원이 만든 커피 때문에 하루를 망치고 싶지 않으니까. 예전에 휴게소에서 일할 때 내가 내어 준 커피가 마음에 들지 않으면 손님들이 짜증을 많이 냈다.

"카푸치노 거품은 '조금만' 주세요."
(얼마만큼이 '조금'인 걸까?)

"뜨겁지도 차갑지도 않게 해 주세요."
(온도계에 그런 온도는 없는데요?)

이탈리아인들이 그만큼 커피에 진심이다. 커피가 마음에 안 들면 정색하고, 훌륭한 커피에는 찬사를 아끼지 않는다.

이렇게 까다로운 이탈리아에도 스타벅스가 들어왔다. 2018년의 일이다. 스타벅스는 이탈리아에 "2023년까지 매장을 26곳으로 늘리겠다."라며 야심찬 계획을 발표했다. 그들은 어느 정도 성과를 거뒀을까. 2023년 기준으로 이탈리아 내 스타벅스는 모두 15곳. 애초 계획에 턱없이 미치지 못하는 매장 수인데, 이마저도 직전 해에 매장 2곳이 폐업해 쪼

스타벅스는 2018년 밀라노에 1호점을 내며 이탈리아에 입성했다.

그라든 수치다.

이탈리아 스타벅스의 본거지는 밀라노다. 2023년 현재 남아 있는 매장 중 12곳이 밀라노 지역에 있다. 이탈리아에서 가장 바쁘고 복잡한 도시 밀라노는 삶과 여유, 그리고 무엇보다도 커피를 사랑하는 이탈리아인의 정서와 거리가 가장 먼 도시다. 다른 지역 사람들이 '못생긴 밀라노인Milanese imbruttito'라며 놀려 먹을 정도다. 보통 이탈리아 남자들은 운동으로 다져진 탄탄한 몸과 햇볕에 그을린 까무잡잡한 피부

지극히 사적인 이탈리아

를 매력으로 내세운다. 하지만 운동은커녕 햇빛을 볼 시간도 없는 밀라노 사람들은 이탈리아 사람들이 생각하는 건강미와는 거리가 멀다. 물론 대도시이고 가장 부유한 지역인 만큼 유행에 민감하고 도시적인 매력을 지닌 사람들이지만, 다른 지역 사람들이 보기에는 너무 팍팍한 삶을 사는 것처럼 보인다. 그런 밀라노에 스타벅스가 똬리를 틀었다고 하니, 밀라노 친구들을 놀리고 싶을 때는 이런 말이 튀어나온다.

"어이 못생긴 밀라노 친구! 스타벅스라니!
이제는 커피 한잔도 제대로 못 마시겠네?"

하지만 스타벅스는 쉽게 포기하지 않을 것 같다. 스타벅스가 성공을 거둔 다른 나라들처럼, 이탈리아도 결국 그 나라들처럼 커피를 마시게 되리라 기대하는 모양이다. 적어도 밀라노에서는 스타벅스의 도전이 어느 정도 통하는 것 같다. 스타벅스의 강점은 커피가 아니라 문화다. 밀라노처럼 국제화된 대도시의 라이프스타일과 잘 맞는다. 여느 대도시처럼, 밀라노에서 최선을 다해 일상을 살아가는 사람들에게 스타벅스는 업무와 휴식, 그리고 커피를 연결해 주는 나름 매력적인 공간이 될 수도 있다.

내가 보기엔 스타벅스의 도전은 험난해 보인다. 스타벅스가 추구하는 문화가 이탈리아와는 너무 달라서다. 프랜차이즈 카페는 매뉴얼이 정해져 있다. 모든 도시에서 같은 커피와 서비스를 제공한다. 언제 어디서나 표준적인 커피 맛을 제공할 수 있다는 건 장점이지만, 이탈리아는 커피의 나라다. 평균이 높기 때문에 개성이 사라진 '표준화'는 장점이 될 수 없다.

더 중요한 것은 바리스타의 부재다. 스타벅스 직원은 바리스타가 될 수 없다. 누구나 대체할 수 있고, 자신만의 개성으로 커피를 만들 수 없다는 이야기다. 직원은 나와 얼굴을 맞대고 교류하는 사람인데, 누구나 대체할 수 있다는 건 마뜩잖다. 때로는 바리스타를 만나러 바bar에 가기도 하는데 말이다.

환경을 생각하지 않는 프랜차이즈 특유의 문화도 부정적이다. 나는 이탈리아에 있을 때, 21년 동안 단 한 번도 일회용 컵을 사용해 본 적이 없다. 물론 커피를 플라스틱이나 종이컵에 담아 마신다는 건 상상조차 못할 일이라 그랬지만 말이다.

이탈리아에서 커피는, 특히 아침에 마시는 커피는 신성한 의식과 같다. 단골 바에 가서 바리스타가 자신 있게 뽑아 준 커피를 들고, 항상 마주치는 익숙한 얼굴들과 이야기하는 그 순간이 사라진다면 인생에 의미가 있을까? 적어도 스타벅스에서는 아닌 것 같다.

지극히 사적인 이탈리아

──── 커피=에스프레소

이렇게 커피를 사랑하는 이탈리아인들은 하루에 커피를 몇 잔이나 마실까? 기본적으로 석 잔이다. 아침 식사와 함께하는 카푸치노 또는 카페 라테, 점심 후 에스프레소, 저녁 후 에스프레소. 여기에 오전 브레이크에 한 잔, 오후 브레이크에 한 잔을 더하면 하루에 대략 다섯 잔의 커피를 마신다고 보면 된다. 여기서 다시 강조하지만 '커피=에스프레소'다. 한국의 카페에서 찾아볼 수 있는, 커피를 '희석시킨' 메뉴들, 즉 아메리카노를 비롯해 한국식 카페 라테, 바닐라 라테, 캐러멜 라테 등은 이탈리아인에게는 음료수에 가깝다. 커피가 조금 들어간 음료수. 이런 걸 '커피'라고 부르는 건 마치 어떤 느낌이냐면, 김치를 갈아 소스로 만들어서 케첩처럼 물에다 쭉쭉 뿌린 다음 "이거 김치찌개야!"라고 했을 때 한국인이 느낄 수 있는 기분?

요즘 한국에도 이탈리아인들의 커피 취향이 꽤 알려진 모양이다. 가끔 "아메리카노는 아예 안 마셔요?"라는 질문을 받기도 한다. 나도 아메리카노를 마신다. 한국에도 에스프레소를 기가 막히게 내리는 가게들이 많지만, 일 때문에 사람을 만날 때는 그런 곳만 고집하기 어렵다. 그럴 때는 아메

이탈리아에서 커피를 달라고 하면 에스프레소가 나온다.

리카노를 선택하기도 한다. 한국 특산물인 커피믹스도 즐긴다. 내가 아메리카노나 커피믹스를 마시는 걸 보면 사람들이 신기해하는 경우가 있는데, 이탈리아인의 정체성을 버린건 아니다. 나름 한국의 문화와 맛에 적응한 결과라고나 할까? 특히 한식을 먹고 난 뒤 커피믹스는 왜 이렇게 당기는지모르겠다.

그럼 이탈리아인은 커피에 아무것도 안 넣느냐고? 그렇지는 않다. 지역에 따라 커피를 즐기는 다양한 방식이 있다. 대표적으로 카페 레체제Caffè leccese가 있다. 이탈리아의 장화

카페 레체제는 아몬드 시럽 위에 에스프레소와 얼음을 넣어 만든다.

뒷굽에 해당하는 살렌토Salento 반도의 도시 레체에서 즐기는 방식이다. 컵에 아몬드 시럽을 깔고, 그 위에 에스프레소를 따른 뒤 얼음을 넣는다. 한국인들이 아이스 아메리카노를 마시는 느낌으로 즐기는 커피다. 날씨가 더운 시칠리아에서는 이탈리아식 팥빙수라고 할 수 있는 카페 그라니타Caffè granita를 먹는다. 시칠리아에 간다면 아침으로 그라니타와 함께 시칠리아식 빵인 브리오슈brioche에 시칠리아 특산물인 피스타치오를 곁들여 먹어 보길 추천한다.

이탈리아에 자판기 커피는 없을까? 있다. 에스프레소와 추출 방식이 같은 제대로 된 자판기다. 맛은 괜찮다. 웬만한 독일 커피보다는 맛있을 거다. 물론 '커피 순수주의자'들은 마시지 않을 테지만.

한국에서 가장 많이 받는 질문 중 하나가 이탈리아에서는 해장을 무엇으로 하느냐는 것이다. 간단하다. 커피로 한다. 커피와 물을 틈틈이 계속 마신다. 술이 깰 때까지.

___

─── 바에 서서 마시는 커피

한국인들이 이탈리아 카페에서 가장 독특하다고 느낄 풍경 중 하나는 선 채로 커피를 마시는 문화다. 대부분의 사람들이 바에 서서 에스프레소를 마신다. 혼자든, 둘이든, 여럿이든 상관없다.

물론 앉아서 마실 수도 있다. 한국처럼 계산을 먼저 한 다음 직접 음료를 찾아가는 '셀프 서비스' 개념은 없다. 테이블에 앉을 경우 모든 서비스를 웨이터가 해 준다. 레스토랑처럼 테이블에서 주문을 받고, 커피를 갖다 주고, 손님이 나가면 치워 준다. 그래서 테이블을 이용하는 경우에는 같은 커피를 주문해도 가격이 다르다. 서비스 요금이 추가되는 셈이다. 가격 차이가 있는 경우, 메뉴판이나 계산대를 참고하시라. 설탕은 손님이 직접 취향대로 넣는다. 모든 카페에 기본적으로 서너 종류의 설탕이 갖춰져 있다.

카페에서 일하는 이들은 임시직이 아니다. 대체로 단골손님 위주로 영업을 하는 데다 손님들이 철저한 서비스를 원하기 때문이다. 다들 '프로'라고 생각하면 된다. 이탈리아에는 바리스타 학원이 따로 없다. 카페에 취직하면 바리스타가 갖춰야 할 모든 것을 기본적으로 배운다.

한국에 처음 왔을 때 카페에서 메뉴에 대해 물어보면 직원이 어리둥절한 얼굴로 "어, 잠시만요. 물어보고 말씀드릴게요."라고 대답해서 많이 당황했다. 알아본다니! 모른단 말인가?! 이보다 훨씬 당황스러운 건 '스푼'이었다. 이탈리아에서는 에스프레소와 스푼은 한 쌍이다. 한국의 어느 카페에서 에스프레소를 주문했는데, 스푼을 안 주길래 깜빡 잊은 줄 알고 요청했더니 스푼은 따로 제공하지 않는다고 했다. 그럼 잔에 남은 크림은 어떻게 먹느냐고 물어보니 직원이 나보다 더 당황스러운 얼굴을 하고 있었다. 몇 번 그런 일을 경험하고, 나중에 한국 프랜차이즈 커피숍의 운영 시스템도 알게 되면서 이해할 수 있게 됐다. 한국만이 아니라 외국에 나가서 사는 이탈리아인들이라면 다 한 번씩은 경험하는 일일 것이다.

물론 요즘 한국에도 커피 문화가 엄청나게 발달하고 훌륭한 맛과 서비스를 제공하는 카페도 많아졌다. 아마 지금 이탈리아 말고 커피를 제일 맛있게 마실 수 있는 나라는 한국일 듯하다. '진짜' 에스프레소를 즐길 수 있는 카페가 얼마든지 있다. 물론 스푼도 챙겨 준다. 스페인이나 독일 같은 곳은 아직도 엉망이다! 한국인들이 이탈리아인만큼이나 커피를 사랑하게 된 것도 정말 국민성이 비슷해서 그런 걸까?

그렇지만 커피 가격은 차이가 많이 난다. 2023년 기준으로 이탈리아의 에스프레소 가격은 평균 1유로 정도다. 테이블 서비스를 받아도 1.5유로 정도에 불과하다. 이탈리아도 물가가 많이 오르기는 했지만 에스프레소만큼은 가격 변동이 크지 않다. 한국으로 치면 공깃밥 가격이 오르지 않는 이유와 비슷하다. 다른 건 몰라도 에스프레소 가격이 오르는 건 받아들이기 어렵다는 정서가 있다. 카페 주인들도 마찬가지다. 에스프레소로 돈을 벌겠다는 생각이 없다. 빵이나 주스 같은 메뉴로 돈을 번다. 물가 상승을 반영해서 가격을 올리는 게 정상이지만 차마 올리지 못한다. 그래서 이탈리아의 에스프레소 가격은 전 세계적인 기준으로 봐도 대단히 싼 편이다. 물가가 비싸다는 밀라노도 에스프레소 평균 가격은 1.1유로다. 북부의 국경에 있는 관광 도시 트렌토가 가장 비싼데 여기서도 평균 1.3유로 정도다.

이탈리아에서 가장 비싼 카페로 알려진 베네치아의 '카페 플로리안'이 한국과 비슷한 수준이다. 하지만 앞서 말했듯이 대부분의 이탈리아 에스프레소는 가격 부담이 없으니 편하게 하루 종일 즐길 수 있다. 서로 사 주기도 편하다. 한국에서 입에 맞는 에스프레소를 마시려면 4,000~5,000원이다. 하루에 다섯 잔씩 마셔 대면 금세 지갑이 얇아진다.

———— 커피와 함께한 도시의 역사

이탈리아는 커피가 발견된 나라도 아니고, 커피 문화가 처음 시작된 나라도 아니다. 커피를 만드는 방식 자체는 세계적으로 베트남식, 그리스식, 터키식 등 다양하다. 그러나 유독 커피에 대한 이탈리아인의 자부심이 대단한 이유는 현재 세계인들이 가장 널리 즐기는 커피의 형태와 문화가 전부 이탈리아식이기 때문이다. 제조 방식부터 커피 머신, '에스프레소' '카페 라테' '카푸치노' 등의 이름까지 이탈리아어이지 않은가?

커피가 이탈리아에 처음 들어온 건 17세기 무렵이다. 국

'악마의 음료'를 허락한 교황 클레멘스 8세.

제 무역이 활발했던 베네치아를 통해서였다. 당시 가톨릭교회에서 이 검은 액체를 두고 '악마의 음료' 아니냐며 경계했다는 이야기는 유명하다. 당시 교황 클레멘스 8세Clemens PP. VIII가 직접 커피를 시음하고는 훌륭한 향기와 맛에 반해 친히 '세례'를 내렸고, 이후 커피는 빠르게 확산됐다. 기록에 따르면, 1720년 베네치아 시내의 산 마르코San Marco 광장에만 카페가 30개였고, 베네치아 전체에는 170개나 있었다고 한다. 당시 카페는 누구나 드나들 수 있는 공간은 아니었다. 주로 지식인들이 모임을 갖거나 작품을 집필하는 곳이었다. 지금 한국의 카페 문화, 커피를 마시며 공부하고 일하고 토론하고 미팅하는 문화가 바로 18세기 이탈리아의 모습이다.

어떤 카페에서 집필한 작품이 유명해지면 그 카페도 함께 유명세를 탔다. 도시마다 이런 카페들을 '카페 스토리치Caffè Storici, 역사적 카페'라고 하는데 지금까지도 그 명성이 이어져 관광객이 모여든다. 예를 들어, 트리에스테Trieste에 있는 어느 카페는 이탈리아의 대표적 시인인 움베르토 사바Umberto Saba가 시를 쓴 곳으로 유명하다.

내 단골 카페도 베네치아에 있다. '토레파치오네Torrefazione'라는 아주 조그만 카페다. 스무 살 적에 커피 향에 이끌려 처음 들어간 그곳의 커피 값은 한국 돈으로 단 800원. 관광객

대학 시절 나의 단골 카페, 토레파치오네.

의 발길이 전혀 닿지 않을 만큼 지극히 소박한 곳이지만 대학 시절 4년 내내 하루에 두세 번씩 들렀던 곳이다.

커피가 처음 들어온 곳은 베네치아지만 커피에 대한 자부심이 둘째가라면 서러운 곳이 나폴리다. 19세기에 나폴리에는 '커피 배달부'가 있었다. 이른 아침, 자전거에 큰 통을 매달고 집집마다 돌아다니며 따뜻한 커피를 건네는 이들이었다. 여기에 가톨릭 문화가 더해진다. 가톨릭에서는 날마다 해당 날짜의 성인聖人을 기념한다. 내 이름 '알베르토'의 경우, 11월 15일 성 알베르토Sant' Alberto의 날에 축하를 받을 수 있다. 하지만 달력을 보지 않으면 매일매일 챙기기 어려우니 바로 이 '커피 배달부'가 "오늘은 성 알베르토의 날이에요!"라고 알려 줬다. 매일 아침, 커피와 축하를 함께 배달하는 낭만적인 문화였을 듯하다.

또 나폴리의 아주 유명한 커피 문화 중에 '카페 소스페소Caffè Sospeso'가 있다. 한국말로 하면 '보류된 커피'다. 앞서 말했듯이 이탈리아는 옛날부터 커피를 서서 마시는 데다 주문하면서 돈을 내는 게 아니라, 여럿이 우르르 몰려가서 함께 마시고 일부가 먼저 나가면 총 몇 잔을 마셨는지 모르는 일이 흔했다. 그러면 손님이 넉넉하게 실제 마신 것보다 한두 잔 더 계산하게 되는데, 이렇게 커피 값이 남게 되면 다음

나폴리의 카페에는 지금도 '카페 소스페소' 문화가 있다.

손님에게 '넘겨주게' 됐다.

이것이 지금은 나폴리 특유의 훈훈한 문화로 남아, 기분 좋을 때 커피 하나를 더 계산해서 '누군지 모를' 다음 사람에게 커피를 대접한다. 좋은 일이 생긴 손님이 두 잔을 마시고 석 잔 값을 지불하면 웨이터가 '카페 소스페소 하나1 Caffè in

지극히 사적인 이탈리아

Sospeso'라고 써 붙인다. 그러면 다음에 들어오는 행운의 손님은 무료로 커피를 마실 수 있다.

─── 마키아토는 원래 쓰다

에스프레소는 크림의 양이나 '카페 리스트레토Caffè Ristretto, 압축되는 정도'에 따른 종류만 50가지다. 모두 설명하려면 바리스타 자격증을 위한 책이 된다. 몇 가지 특색 있는 커피만 소개하는 게 좋겠다.

우선 이탈리아에는 아이스커피, 즉 얼음을 넣은 커피가 없다. 얼음은 커피 본연의 맛을 흐리게 하기 때문이다. 아메리카노를 마시지 않는 이유와 같다. 여름에 먹는 차가운 커피는 따로 있다. 카페 프레도Caffè Freddo와 카페 샤케라토Caffè Shakerato. 카페 프레도는 아침 일찍 커피를 뽑아 놓고 유리병에 담아 냉장고에 미리 넣어둔 다음, 원하는 손님들에게 따라주는 것이다. 차가운 에스프레소다. 샤케라토는 이탈리아어로 '흔들다'라는 뜻이다. 얼음과 설탕, 에스프레소를 섞은 후 투명한 잔에 따르면 커피와 크레마 거품이 층을 이룬다.

달콤한 한국식 마키아토를 생각하고 이탈리아에서 마키아

이탈리아식 차가운 커피 중 하나인 카페 샤케라토.

토를 주문했다가 사약을 받은 줄 알았다는 우스개를 가끔 듣는다. 본래 마키아토Macchiato는 '묻히다', '점찍다'라는 뜻이다. 달콤함과는 상관이 없다. 이탈리아에서 마키아토를 주문하면 에스프레소 위에 우유를 살짝 '묻혀' 준다.

카푸치노Cappuccino도 오해하기 쉬운 메뉴다. 카푸치노 하면 시나몬 파우더를 떠올리는 한국인들이 많은데, 아마도 미

　　　　　　　　　　　지극히 사적인 이탈리아

이탈리아식 카푸치노에는 시나몬 파우더가 없다.

국식인 듯하다. 본래 이탈리아의 카푸치노는 카페 라테보다
거품이 풍성하고 우유의 양은 적다. 따뜻한 우유와 부드러운
거품이 진한 에스프레소의 맛을 중화한다. 아침에 마시기에
딱 좋은 커피다.

아이스크림에 커피를 부어 먹는 아포가토Affogato는 한국
에서도 인기 있는 메뉴인데, 이탈리아어로는 좀 무서운 의

미다. '물에 빠지다' '침몰하다'라는 뜻이기 때문이다. 익사를 '아포가토'라고 한다. 아이스크림이 커피에 익사했으니 틀린 말은 아니다. '익사하는' 아이스크림에는 초콜릿과 바닐라, 두 가지가 있다.

저녁 식사 후 또는 늦은 밤에 마시는 에스프레소에는 술이 들어가는 경우가 있는데, 이를 카페 코레토Caffè corretto라고 한다. 주로 허브로 제조한 이탈리아 술이 들어간다. 방법은 두 가지다. 하나는 에스프레소에 몇 방울 떨어뜨려 마시는

카페 코레토. 에스프레소에 허브 술을 몇 방울 떨어뜨려 마시거나, 에스프레소를 모두 마신 다음 술로 헹궈 마신다.

지극히 사적인 이탈리아

것이다. 다른 하나는 레세긴Reseghin이라는 방식인데, 베네치아 사투리로 '헹구다'라는 뜻이다. 진한 에스프레소를 마시고 나면 잔의 밑바닥이 얼룩지고 크림이 남기도 하는데, 이를 술로 헹구는 것이다. 에스프레소를 다 마시고 웨이터에게 아무 말 없이 빈 잔을 내밀면 딱 '헹굴' 만큼만 따라준다. 보통 40도 이상의 독한 술이라 숙면에 딱 좋다.

이 밖에 에스프레소 중에 가장 묽은 룽고Lungo, 머그컵을 좋아하는 사람들을 위한 마키아토 인 타차 그란데Macchiato in tazza grande, 유리잔을 좋아하는 사람들을 위한 마로키노Marocchino 등도 있다.

─── 국민 주전자, 모카

이탈리아의 모든 가정에는 에스프레소용 주전자인 '모카Moka'가 있다. 브랜드 이름이 고유명사가 된 경우로 에스프레소 커피를 뽑는 기계다. 각 가정마다 기본적으로 1인용 모카와 3인용 모카를 가지고 있고, 대가족이면 6인용이나 12인용을 보유한다. 캠핑용인 40인용도 있다.

모카는 한 번 사면 부서지지 않는 한 평생 쓴다. 비싸서가

모카는 시간이 지날수록 커피 맛이 좋아진다.

아니다. 이탈리아 가정의 필수품인 만큼 가격은 비싸지 않다. 2023년 기준으로 1인용 모카는 대략 17유로, 3인용 모카는 24유로 정도다. 오래 쓰는 이유는 커피 맛 때문이다. 시간이 지날수록 커피가 더 맛있어지는 신기한 물건이다. 그도 그럴 것이, 모카는 설거지할 때 세제를 절대 사용하지 않는다. 오직 물로만 씻는다. 따라서 시간이 지날수록 향이 스며들면서 커피 맛이 진해진다. 하루 서너 번 사용하고 물로만 씻어 내니 10년, 20년 된 모카에서 나온 커피가 더 맛있을 수밖에. 뜨겁게 끓이는 기계라 위생 문제도 없다.

이탈리아 가정의 커피 문화도 지역마다 매우 다양하다. 알프스 근처의 발레다오스타Valle d'Aosta식 커피가 특히 재미있다. 좁은 구멍이 여러 개 뚫려 있는 도자기에 커피, 오렌지나 레몬 껍질, 설탕, 술을 넣고 끓인다. 그러고는 모여 앉아 돌아가면서 구멍에 입을 대고 마시는 거다. 의식을 치르듯이!

이렇게 커피가 일상에 깊이 배어 있으니, 아이들은 커피 마실 날을 기대한다. 보통 열네 살에서 열다섯 살, 그러니까 한국 나이로 중학생 정도면 커피를 마시기 시작한다. 나도 어릴 적부터 커피 맛이 무척 궁금했다. '언제 부모님이 나에게 커피 한잔하자고 말씀하실까?' 하면서 기다렸다. 보통 아이들에게는 오르초 빔보Orzo Bimbo라는 '보리 커피'를 준다.

발레다오스타식 커피는 돌아가면서 도자기 구멍에 입을 대고 마신다.

말이 커피지 사실은 아주 진한 보리차다. 아이들이 특히 커피 마실 날을 손꼽아 기다리는 건 '아포가토' 때문이다. 이건 보리 커피로는 도저히 대체가 안 된다. 보리 커피에 아이스크림을 넣은 아포가토는 정말 맛이 없다.

물론 카페 코레토를 마실 날도 고대한다. 내 아들 레오가 열여덟 살이 되면, 카페 코레토에 넣어 마시기 위해 이탈리아에서 가져온 술을 꺼내 만들어 줄 거다. 엄청 쓰다고 호들갑을 떨겠지. 그 전에 이미 몰래 마셔봐 놓고는 시치미를 떼면서. 열여덟 살의 내가 그랬듯이.

지극히 사적인 이탈리아

이탈리아에서 들러 볼 까페

채플린과 헤밍웨이의 단골 카페 해리스 바 Harry's Bar

베네치아에 있는 아주 유명한 카페다. 미국식 이름인 '해리'가 붙은 데는 유래가 있다. 1920년대 말 해리라는 미국 청년이 알코올 중독을 치료하고자 이모와 함께 베네치아로 여행을 왔다.

그런데 여행 중 돈 문제로 싸우다 이모가 모든 돈을 가지고 미국으로 돌아가 버렸다. 빈털터리로 낯선 베네치아에 덩그러니 남은 해리는 한 호텔에 들어가 프런트 직원에게 무작정 돈을 빌려달라고 했다. 그때 프런트에 있던 주세페 치프리아니Giuseppe Cipriani라는 사람이 해리의 사정을 딱하게 여겨 1만 리라를 빌려줬다. 당시로는 엄청 큰 금액이다.

2년이 지나, 해리는 알코올 중독을 치료하고 건강한 모습으로 베네치아에 돌아와 호텔을 찾는다. 다행히 치프리아니는 여전히 프런트에서 일하고 있었고, 해리는 그에게 빌린 돈을 네 배로 갚았다. 그 돈으로 치프리아니는 1931년에 카페를 개업하고 'Harry's Bar'라는 이름을 붙인다.

해리스 바는 그 일대에서 인기 있는 장소가 됐다. 막다른 골목에 위치해 일부러 찾아오지 않으면 들르기 힘든 곳인데도 말이다. 단골손님 중에는 찰리 채플린, 오손 웰스 영화 〈시민 케인〉의 감독, 헤밍웨이도 있었다. 헤밍웨이의 소설 《강을 건너 숲속으로》 속에 해리스 바가 나오는 대목도 있다.

제2차 세계 대전이 발발했을 때는 위기를 겪을 뻔했다. 모든 카페가 '유대인 입장 금지'라는 표지판을 붙여야 했던 상황. 하지만 해리스 바는 예외였다고 한다. 해리스 바를 사랑한 경찰들이, 표지판을 입구가 아닌 '주방' 쪽 문에 붙인 걸 눈감아 줬기 때문이다.

지극히 사적인 이탈리아

300년의 역사를 품은 카페 플로리안 Caffè Florian

1720년에 오픈한, 베네치아에서 가장 오래된 카페다. 이탈리아에서 가장 '비싼' 커피를 마실 수 있다. 에스프레소 한 잔이 무려 5유로다. 한국의 커피 값을 생각하면 그다지 비싸게 느껴지지 않을 수 있지만, 하루에 다섯 잔씩 마셔야 하는 이탈리아인들에게는 상상할 수 없는 가격이다.

이곳의 단골손님은 괴테, 루소, 스탕달, 바그너, 바이런, 니체, 모네…. 그야말로 역사적인 사상가들의 아이디어와 예술가들의 작품이 탄생한 곳이다.

커피와 예술이 만나는 곳
안티코 카페 그레코 Antico Caffè Greco

로마에 가면 1760년에 오픈해 무려 260년 넘게 영업하고 있는 안티코 카페 그레코가 있다. 이곳의 손님으로는 쇼펜하우어, 안데르센, 기욤 아폴리네르 '캘리그라피'라는 용어를 처음 사용한 프랑스 시인, 괴테, 제임스 조이스《젊은 예술가의 초상》(1916)을 쓴 아일랜드 소설가, 토마스 만《마의 산》을 쓴 독일 소설가 등이 있었다. 유명 화가의 예술품이 300점이나 전시돼 있어서 커피 한 잔 마실 돈으로 어마어마한 작품들을 볼 수 있다. 커피와 역사와 예술이 함께하는 곳이다.

지극히 사적인 이탈리아

'이탈리안 레스토랑'은
없다

"La vita è una combinazione di pasta e magia."

"삶은 마법과 파스타의 조합이다."

Federico Fellini

(페데리코 펠리니, 영화감독)

———— 이탈리아 음식은 왜 유명할까?

이탈리아 음식은 전 세계적으로 유명하다. 아니, 유명하다고 해야 할지, 흔하다고 해야 할지 잘 모르겠다. 이탈리아 음식점은 어느 나라를 가도 쉽게 만날 수 있다. 미국이나 유럽은 물론 아르헨티나, 브라질, 칠레 같은 남미나 에티오피아 같은 아프리카에도 이탈리아 음식점이 흔하다. 경북 영주에도 이탈리아 레스토랑이 존재한다. 중국을 제외하면, 이탈리아만큼 음식 문화를 보편적으로 알린 나라도 드물 것이다.

이런 이유로 이탈리아 음식에 대해 알려 달라거나 추천해 달라고 요청하는 분들이 있다. 이런 분들은 내 표정을 보고는 당황스러워하거나 재밌어한다. 내 표정이 너무 진지해서다. 나는 아주 신중하고 심각한 표정으로 보통 이렇게 대답한다.

"저도 이탈리아 음식이 뭔지 잘 몰라요."

이탈리아 음식에 대해 관심이 없어서가 아니다. 관심은 많지만 도저히 간단하게 정리할 수 없어서 그렇다. 믿기지 않을지 모르지만, 내 고향에서 한두 시간만 떨어진 곳에 가도

발레다오스타
스페크

롬바르디아
파네토네

트렌티노알토아디제
사과

프리울리베네치아줄리아
프로슈토 디 산 다니엘레

베네토
티라미수

에밀리아로마냐
볼로냐식 라자냐

피에몬테
바치 디 다마

리구리아
페스토

마르케
올리베 아스콜라네

아브루초
아로스티치니

토스카나
피오렌티나 스테이크

움브리아
송로버섯

몰리세
카초카발로

풀리아
포카치아

라치오
카르보나라

캄파니아
피자

바실리카타
검은 올리브

사르데냐
페코리노 치즈

시칠리아
브리오슈 콜 젤라토

칼라브리아
페페론치노

이탈리아 음식 지도.

레스토랑 메뉴의 80퍼센트는 모르는 음식들이다. 이탈리아 음식은 너무 다양해서 누구도 '이탈리아 음식'을 제대로 이야기하기 어렵다. 그렇다고 명색이 현지인인 내가 피자나 파스타만 추천할 수는 없지 않은가. 이런 음식들은 한국인이 한국 음식으로 어디서나 먹을 수 있는 된장찌개를 추천하는 것과 마찬가지다. 이렇다 보니 자연스럽게 '이탈리아 음식은 왜 유명해졌을까?'를 생각해 보게 됐다. 이탈리아인으로서 이탈리아 음식에 대한 질문을 받으면 정색할 정도로 자부심이 넘치는데, '맛있으니까!'라는 이유만으로는 이탈리아 음식의 인지도와 인기를 설명할 수 없으니 말이다.

내가 생각하는 첫 번째 이유는 바로 '간편한 조리법'이다. 이탈리아 음식의 기본은 재료가 가진 본연의 맛을 살리는 것이다. 상대적으로 조리하기 단순하고 시간도 적게 걸리는 편이다. 그래서 배우기도 쉽다. 파스타는 물론이고 스테이크, 빵 같은 음식들도 '맛을 낸다'기보다는 재료의 '맛을 살린다'는 걸 목표로 하기 때문에 재료만 잘 다듬고 기본적인 조리 과정만 숙지하면 된다. 이런 점에서 한식은 이탈리아 음식과는 꽤 상반된다. 한식은 배우기 어렵다. '맛을 낼' 정도가 되려면 상당한 솜씨와 경험이 필요하다.

두 번째는 다양성이다. 이탈리아는 1861년에야 통일이 완

이탈리아는 피렌체 같은 도시 국가의 전통이 아직까지 남아 있는 나라다. 음식 문화 역시 이를 반영하고 있다.

료된 나라다. 그 전까지는 피렌체, 베네치아, 밀라노 같은 도시 국가들이 독립적으로 존재했다. 그래서 각 지역별로 '문화'가 다르다. 신라 시대부터 통일 국가였던 대한민국 사람들은 이해하기 어려울지 모르지만 이탈리아는 문화부터 관습, 법률이 다른 도시 국가들이 하나가 된 지 채 두 세기도 지나지 않은 나라다. 이렇다 보니 다양한 음식 문화가 발달했고, 모든 사람의 입맛에 맞는 음식을 내놓을 수 있었던 것 같다. 육류를 좋아하는 한국에서는 스테이크나 육류가 들어간 파스타가 인기 있다면, 그리스 같은 나라에서는 해산물 요리를 중심으로 이탈리아 음식을 즐긴다.

마지막으로 미국을 빼놓을 수 없다. 19세기 말에서 20세기 초까지 미국에는 이탈리아 이민자들이 많이 건너갔다. 미국으로 간 이민자들의 음식은 그 간편함과 다양성으로 미국에 정착해 미국 음식이 됐고, 미국이 초강대국이 되면서 미국식 이탈리아 음식들이 전 세계로 퍼져 나갔다. 미국이 강대국이 되지 않았다면 이탈리아 음식점은 서울같은 대도시에서만 구경할 수 있는 특이한 곳이 됐을지도 모르겠다.

────── 지역별 특색이 분명한 음식 문화

이탈리아의 음식 문화를 본격적으로 이야기하기 전에 당부하고 싶은 내용이 있다. 모든 사람에게 가장 맛있는 음식은 엄마가 해 주신 음식이다. 이탈리아 음식이 아무리 맛있어도 여러분의 어머니가 해 주신 음식보다는 못하다.

다만 이탈리아 음식은 아주 아주 다양하다. 새로운 경험을 하는 데는 이탈리아 음식만한 게 없다고 자부한다. 영국 출판사 파이돈Phaidon에서는 《실버 스푼The Silver Spoon》이라는 이탈리아 가정식 레시피 북을 냈는데, 1,500쪽이 넘는 책에 2,000개 이상의 레시피가 실려 있다. 그런데도 내 고향인 베네치아 음식은 거의 없을 정도다. 이런 다양성 덕분에 유네스코는 2023년 프랑스 파리에서 '이탈리아 음식 문화'를 '유네스코 무형 문화유산'으로 등재하기로 결정했다.

이탈리아 음식을 즐기려면 지역 특색을 알면 좋다. 아니, 사실 필수라고 강조하고 싶다. 앞서 언급한 것처럼 이탈리아는 도시 국가들이 합쳐진 나라이기 때문에 지역별로 음식 문화가 발달했다. 그리고 재료를 중요시한다. 지역마다 특색이 있는 식재료가 있으면 그것을 최대한 즐길 수 있는 음식을 먹는 게 좋다. 예를 들어, 양을 많이 기르는 사르데냐Sardegna 지역에서는 양 요리를 추천한다. 간혹 피렌체에 다녀와서 '봉골레 파스타'가 기가 막혔다는 말을 들으면 정말 안타깝다. 피렌체는 한국으로 치면 횡성 같은 동네다. 이탈리아의 특산물인 키아니나Chianina라는 소 품종이 유명하다. 이탈리아식 소곱창 요리를 먹어야 할 곳에서 봉골레 파스타를 먹었다니, 횡성에 가서 잔치국수를 맛있게 먹고 왔다

피렌체에서는 쇠고기 요리를 꼭 먹어야 한다. 봉골레 파스타 말고!

는 말처럼 들린다. 그러니 이탈리아 음식을 즐기려면 반드시 지역별 특색을 먼저 알아보기 바란다.

─── 무거운 북부와 매콤한 남부

이탈리아는 위아래로 길게 펼쳐진 장화 모양 땅덩어리를 가졌다. 그만큼 남북의 기후가 다르고 그에 따른 식재료도 달라진다. 그래서 이탈리아 음식은 크게 북부와 남부로 분류할 수 있다. 북부 요리의 밑바탕은 버터다. 날씨가 춥고 올리브 나무가 많지 않은 대신 가축을 많이 기른다. 그 덕분에 버터가 맛있고 저렴하다. 추운 지역의 음식들이 대개 그렇듯 이탈리아 북부 음식 또한 무겁고 칼로리가 높다. 상대적으로 덜 맵고 덜 자극적이다.

남부는 반대다. 간은 더 강하고, 가볍고 신선한 음식을 주로 먹는다. 남부 사람들은 한국인만큼 매운맛에 강하다. 칼라브리아Calabria에서는 페페론치노peperoncino가 유명하다. 웬만한 한국 고추보다 맵다. 이탈리아 가정의 식탁에는 페페론치노 한두 개가 꼭 올라가 있다. 갈아서 파스타나 피자 위에 뿌려 먹기도 한다. 취향에 따라서는 올리브 오일에 페페론치노를 통째로 넣어 몇 개월 동안 둔 다음 매콤한 고추기름을 만들기도 한다. 이를 요리에 사용하거나 식탁 위에 두고 뿌려 먹는다.

　재료 그대로의 맛을 느끼는 것, 그게 이탈리아 사람들이 음식을 대할 때 제1의 기준으로 삼는 철학이다.

──── 유럽에서 가장 쌀을 사랑하는 나라

한국인의 밥과 같은 이탈리아인의 주식은 무엇일까? 당연히 '빵'이라는 답을 떠올리는 분들이 많을 것이다. 빵이 정답이기도 하다. 하지만 이탈리아인의 주식이 빵이 된 지는 생각보다 오래 되지 않았다. 빵은 원래 남부 사람들의 주식이었다. 남부 지방에서는 밀 농사를 지었기 때문이다. 반면 북부에서는 옥수수 가루로 만든 죽인 폴렌타polenta를 주로 먹었다. 폴렌타는 따뜻할 때는 죽이지만 식으면 딱딱해져서 숯불에 구워 먹기도 했다. 남과 북의 기후 차이로 인해 식생활이 달랐던 것이다. 남부 사람들은 이런 이유로 북부 사람들을 '빵 먹을 돈도 없는 불쌍한 녀석들'이라는 의미를 담아 '폴렌토니polentoni'라고 부르기도 했다. 하지만 1960년대쯤 이후

이탈리아의 논농사 지역 중 하나인 베르첼리(Vercelli).

로 이런 구분은 거의 사라졌다. 이제 이탈리아 사람들은 빵을 주식으로 먹고 가끔 폴렌타도 먹는다.

빵 이외에 이탈리아인들이 가장 즐기는 식재료는 쌀이다. 남부와 북부를 가릴 것 없이 모두가 쌀을 좋아한다. 어느 정도냐 하면 유럽에서 가장 쌀을 많이 생산하고 제일 많이 소비하는 나라가 이탈리아다. 북부의 롬바르디아 지역에서 주로 생산하는데, 생산량이 1년에 100만 톤 이상이다. 쌀 품종도 많다. 유럽 연합에서 이탈리아의 쌀을 소개하는 사이트인 리소 이탈리아노Riso Italiano에서 인정하는 품종만 100개 이상일 정도다. 마트에 가면 최소 20여 품종 이상의 쌀이 항상 비치돼 있다.

——— 외식: 3시간 동안 먹거나, 코스를 줄이거나

이탈리아의 식사 문화를 소개하기 전에 한 가지 일러두고 싶은 게 있다. 이탈리아에서는 메인 요리를 테이블 가운데에 놓고 나눠 먹는 일은 드물다. 고기나 생선 요리, 일부 반찬 같은 경우는 덜어 먹기도 하지만 대부분은 접시를 기준으로 먹는다. 특히 파스타의 경우, 나오자마자 먹어야 면이 붇지 않은 상태에서 최상의 맛을 즐길 수 있다. 한국에서는 파스타나 피자를 동시에 시키고는 가운데 놓고 번갈아 나눠 먹는 경우가 많은데, 그동안 굳어 버리는 파스타를 볼 때면, 나의 마음도 함께 굳는 것 같다.

어릴 때부터 개인 접시가 익숙하기 때문에 음식을 남기는 문화도 없다. 어릴 때부터 식사 시간마다 "접시 비워라."라는 말을 듣고 자란다. 한국에서 가끔 요리 두세 가지를 시켜놓고 함께 먹으면 음식이 남는 경우가 많은데, 정말, 엄청, 너무 아깝다. 나는 남아 있는 음식을 두고 자리를 뜨기 어렵다. 눈치 보지 않고, 바닥의 국물까지, 접시를 비운다.

이탈리아의 식사는 기본적으로 '코스 요리'다. 한 끼니에 먹을 요리가 동시에 식탁에 올라오지 않고, 차례차례 하나씩 모습을 드러낸다.

안티파스토Antipasto가 첫 번째 주자다. 파스토pasto는 '끼니', 안티anti는 '~전에'라는 뜻이다. 즉, 식전에 먹는 간단한 에피타이저다. 안티파스토 역시 지역마다 다른데, 예를 들면 빵 위에 토마토를 얹은 브루스케타Bruschetta나 모차렐라 치즈 같은 것들이다.

그다음은 프리모Primo. '첫 번째 접시'라는 뜻이다. 프리모는 여섯 종류로 나눌 수 있는데, 주로 탄수화물이나 수프가

지극히 사적인 이탈리아

안티파스토 중 하나인 브루스케타.

등장한다고 보면 된다. 여러분에게 가장 익숙한 프리모는 파스타와 리소토일 것이다. 물론 라자냐도 파스타에 포함된다. 불안에 떨지 않고 프리모를 시작하고 싶다면 이 두 가지를 선택하면 된다. 하지만 이왕 이탈리아에 왔다면 새로운 경험을 해 보기를 추천한다. 다음에 소개할 프리모들은 한국인의 입맛에도 잘 맞을 거라고 생각한다.

미네스트라 Minestra 혹은 미네스트로네 Minestrone

미네스트라는 이탈리아식 야채수프다. 올리브 오일에 야채와 고기를 볶은 뒤 물을 넣고 끓인다. 여기에 파스타나 쌀을 넣어 먹기도 한다. 국물이 당길 때나 추운 겨울에 특히 추천한다.

주파 Zuppa

주파는 이탈리아식 찌개라고 보면 된다. 매콤한 것도 많아서 한국인 입맛에도 맞을 것이다.

브로도 Brodo

브로도는 이탈리아식 설렁탕 혹은 곰탕이다. 뼈나 고기, 해산물 등을 오랫동안 끓여 낸 수프다. 여기에 토르텔리니 Tortellini 같은 이탈리아 만두를 넣어 먹는다.

벨루타타 Vellutata

벨루타타는 채소로 만든 죽이다. 감자나 호박, 버섯 등을 끓인 뒤, 갈아 낸다. 죽같이 속이 편한 음식을 찾는다면 벨루타타를 추천한다.

지극히 사적인 이탈리아

상단 왼쪽부터 시계방향으로 미네스트라, 주파, 브로도, 벨루타타.

프리모를 먹은 다음에는 메인 요리인 세콘도Secondo다. 세콘도는 크게 육류와 해산물로 나뉘는데, 사실 이건 따로 정하는 게 아니다. 이탈리아 식당에서는 가장 먼저 와인을 정해야 한다. 레드인지 화이트인지에 따라 안티파스토부터 프리모, 세콘도가 모두 이어진다. 레드 와인을 마시기로 정했다면 세콘도는 육류가 나온다. 화이트 와인으로 결정했다면 해산물이다. "둘 다요."라는 선택지는 없다.

그리고 이때 샐러드가 나오는데 반찬 같은 개념이다. 샐러드는 어디까지나 '곁들이는 것'이다. 한국에 처음 왔을 때 샐러드를 개별 메뉴로, 그것도 꽤 비싸게 파는 걸 보고 깜짝 놀랐다. 따로 주문하지 않더라도 애피타이저로 샐러드가 나오는 경우도 있는데 여기서도 놀랐다. 샐러드가 입맛을 돋우기에는 좀 약하지 않은가?

이탈리아에서는 반찬을 콘토르니Contorni라고 부른다. 샐러드를 비롯해, 한국의 나물과 비슷하게 올리브 오일, 소금, 후추로 간을 해서 볶은 채소 요리, 매시드 포테이토나 구운 감자, 그릴에 구운 야채Verdure alla griglia 등이 있다. 샐러드를 반찬이 아니라 메인으로 먹고 싶다면, 인살라토나Insalatona를 세콘도 메뉴에서 고르면 된다.

메인 요리를 다 먹으면 치즈, 디저트, 과일, 커피 순으로 식

지극히 사적인 이탈리아

이탈리아에서 샐러드는 세콘도와 함께 나오는 반찬이다.

친척들과의 오찬.

사를 마무리한다. 과일, 열매, 허브로 담근 술을 한 잔 마시기도 한다.

이렇게 코스 요리를 제대로 갖춰 먹으면, 식사 시간은 기본이 2시간이다. 더 여유롭게 즐기면 3시간이 넘어간다. 특별한 행사라면 무한정(!) 늘어난다. 한국에서 결혼식을 한 뒤 이탈리아로 가서 아주 가까운 사람들끼리만 함께하는 점심 피로연을 했다. 낮 12시에 시작했는데 저녁 7시에 끝났다. 나에겐 모처럼 매우 행복한 식사였다. 한 테이블에서 천천히 코스 요리를 즐기고, 음식에 관해 이야기를 하면서, 중간중간 와인도 마시며 식사를 즐겼다. 그런데 아내는 그다지 행복하지 않은 듯했다. 한국 같으면 자리를 네 번 정도는 옮길 시간이라고, 죽는 줄 알았단다.

——— 아침은 바에서 먹어 보세요

여행을 가면 아침은 호텔에서 먹는 경우가 많을 것이다. 주변 지리를 잘 모르고 아침에 문을 연 괜찮은 식당이 어디인지도 모르는 여행자 입장에서는 당연한 선택이다. 하지만 이탈리아에서라면 한 번쯤 아침에 바를 방문해 보기 바란다.

이탈리아 사람들은 바에서 아침을 먹는 경우가 많다. 바에서는 커피만 마시는 게 아니다. 빵도 판다. 바를 방문하면 이탈리아인들이 아침을 어떻게 먹는지 알 수 있다. 물론 딱히 특별한 아침밥은 아니다. 커피와 빵. 이게 다다. 그렇지만 이탈리아의 모든 음식들이 그렇듯이 지역마다 특색이 있다. 특히 빵이 그렇다.

이탈리아인들은 아침에 우유가 들어간 카페 라테나 카푸치노를 마신다. 여기에 빵을 곁들인다. 이탈리아에서 아침으로 먹는 가장 흔한 빵은 코르네토Cornetto다. 흔히 이탈리아식 크루아상으로 알려져 있는데 크루아상과는 전혀(!) 다르다. 일단 재료에 계란이 들어가고, 바삭한 식감의 크루아상과는 달리 부드럽다. 아무것도 넣지 않은 코르네토 부오토Cornetto vuoto, 초콜릿 크림이 들어간 코르네토 알 초콜라토Cornetto al cioccolato, 꿀을 넣은 코르네토 알 미엘레Cornetto al miele, 피스타치오 크림이 들어간 코르네토 알 피스타치오Cornetto al pistachio, 커스터드 크림을 넣은 코르네토 알라 크레마Cornetto alla crema 등 종류가 다양하다.

북부에서는 봄볼로네Bombolone를 주로 먹는다. 독일의 크라펜Krapfen과 비슷한데 도넛 모양의 빵에 주로 커스터드 크림을 가득 채운다. 그래서 먹으면 꼭 폭탄Bomba처럼 크림이

상단 왼쪽에서 시계 방향으로 코르네토,
봄볼로네, 마리토초, 조개 모양의 스폴리
아텔라, 브리오슈 콜 투포.

터져 나온다. 물론 칼로리도 폭탄이지만 "북부는 날씨가 추우니까 괜찮아!" 하면서 먹게 된다.

로마에서는 마리토초Maritozzo를 아침으로 먹는다. 유서 깊은 도시인만큼 이 빵도 로마 시대부터 이어졌다고 한다. 먹음직스러운 크림이 빵 사이를 가득 채우고 있다. 남부에서는 파스티치오토Pasticciotto라는, 역시 크림이 들어간 빵을 많이 먹는다. 그밖에도 나폴리에서는 스폴리아텔라Sfogliatella라는 조개 모양의 빵이 유명하고, 시칠리아에서는 여성용 모자처럼 생긴 브리오슈 콜 투포Brioche col Tuppo를 먹는다.

이탈리아에서 아침에 먹는 빵은 설탕이나 크림이 들어간 달달한 빵이 많다. 아침에 에너지를 얻기 위해서이기도 하지만, 아침 식사나 디저트 말고는 설탕이 들어간 요리를 먹을 기회가 없어서 그런 것도 같다. 이탈리아 요리는 대체로 설탕을 상당히 적게 쓴다. 아침이 아니면 달달한 맛을 느끼기 쉽지 않다.

——— 파니피치오와 파스티체리아

한국인들이 유럽에 가면 가장 헷갈리는 것 중 하나가 빵집에 대한 개념이다. 한국에서는 보통 '식사용 빵'과 디저트를 같이 파는데 유럽에서는 그렇지 않기 때문이다. 이탈리아도 마찬가지다. 이탈리아에서는 흔히 말하는 바게트 같은 '식사용 빵'을 파는 곳을 파니피치오Panificio라고 부른다. 이 빵에는 물, 밀가루, 효모, 소금만 들어간다. 설탕은 넣지 않는다. 한국에서 빵 하면 떠올리는 달콤하고 다채로운 빵과는 개념이 다르다. 이탈리아에 온다면 꼭 파니피치오에 들러보라고 권하는데, 이곳만큼 이탈리아의 일상을 엿볼 만한 곳이 드물다고 생각해서다.

파니피치오에서는 흰 빵부터 씨앗이나 잡곡을 넣은 다양한 식사용 빵을 판매한다.

지극히 사적인 이탈리아

한국에서는 집에서 밥을 짓지만 이탈리아는 빵을 사먹는 문화다. 파니피치오에 가면 엄청나게 다양한 '식사용 빵'들이 있는데, 여기서 자신이나 가족의 취향에 맞춰 빵을 사 간다. 매일 같은 빵을 먹는 사람에게는 주인이 아예 봉투에 이름을 적어 가져갈 수 있도록 하기도 한다. 내가 1년 내내 같은 빵을 먹겠다고 하면 주인이 종이봉투에 'MONDI'라는 이름을 적어 빵을 담아 놓는 식이다. 그러면 가서 그냥 픽업해 오면 된다.

파니피치오에서 빵을 만드는 사람을 파네티에레Panettiere라고 한다. 파네티에레는 식사용 빵만 만든다. 이탈리아의 일상을 지탱하는 곳인 만큼 그날 만든 빵만 판다. 보통 밤새 빵을 만들어 아침 6시쯤 문을 열고, 오후 1~2시쯤 문을 닫는다. 이곳을 이용하는 사람들은 대부분 주부들인데, 그 덕에 파니피치오는 동네 사랑방이 되기도 한다. 동네의 온갖 정보들이 모이고, 소문도 빨리 돈다. 이곳의 아주머니들은 모르는 게 없다. 만약 동네에 범죄 사건이라도 일어나면 경찰이 가장 먼저 탐문하는 곳 중 하나가 파니피치오일 정도다.

파스티체리아Pasticceria는 파니피치오보다는 익숙한 분위기일 것이다. 한국 백화점 지하에 있는 빵집과 비슷하다고 보면 된다. 이곳에서는 케이크나 쿠키 같은 달달한 디저트를 만들어 판다. 여기서 디저트를 만드는 사람을 파스티체레 Pasticcere라고 한다. 파티시에Pâtissier를 이탈리아식으로 부르는 말이다.

파스티체리아에서도 아침 식사를 할 수 있다. 바에서도 가능하다. 바에서 파는 패스트리는 파스티체리아에서 가져오는 것들이다. 다만 염두에 둘 것이 있다. 파스티체리아나 바에서는 서서 커피와 함께 빵을 먹을 수도 있고, 앉아서 서비스를 받을 수도 있다. 하지만 자리를 잡고 앉으면 서서 먹을 때보다 가격이 더 비싸다.

———— 가정식: 간단하게, 재료의 맛을 살려서!

가정에서는 코스를 다 갖춰 먹긴 어렵다. 당연히 순서를 줄인다. 안티파스토와 함께 프리모나 세콘도 중 하나만 먹는다.

빵은 언제나 기본이다. 앞서 말한 '식사용 빵'은 가격도 저렴하다. 예전에는 1유로 정도면 1킬로그램을 살 수 있을 정도였다. 하지만 최근에는 인플레이션의 영향으로 가격이 꽤 올랐다. 그래도 2유로 정도면 1킬로그램을 살 수 있다. 다만 밀라노 같은 도시는 6유로에 육박한다. 평범한 이탈리아인이라면 받아들이기 어려운 가격이다.

빵은 주식이므로 모든 가정에서 매일 아침 갓 구운 신선한 빵을 사는데 그날 산 빵은 그날만 먹는다. 일요일에는 빵집이 문을 닫으니까 토요일에만 예외적으로 '유통 기한 이틀짜리' 빵을 판다. 이를 '파네 도메니칼레Pane Domenicale'라 부르는데, 직역하면 '일요일 빵'이다.

한번 만들면 오래 먹을 수 있어서 엄마들이 선호하는 요리 중 '인살라타 디 리소Insalata di riso'라는 게 있다. '쌀 샐러드'라고 생각하면 된다. 한국에서 엄마들이 한번 만들어 놓고 일주일간 집을 비우실 수 있다는 곰탕 같은 존재다. 게다가 곰탕처럼 만들기 번거로운 것도 아니고 훨씬 쉽다. 쌀을 좀 되게, 덜 익혀서 차가운 물에 바로 넣었다 건진 뒤 아무 재료나 넣는다! 올리브, 소시지, 버섯, 파프리카 등 넣고 싶은 재료, 냉장고에 남은 재료들을 다 넣고 소금과 올리브 오일을 뿌려 주면 끝. 차갑게 먹는 음식이므로 이 상태로 냉장고에 넣어 두고 며칠씩 먹는다. 여름에 특히 즐겨 먹는 가정식 메뉴다.

사실 이탈리아 요리 대부분은 정말 간단하다. 어떤 요리든 각 재료의 맛을 최대한 살리는 게 우선이기 때문에 재료가 복잡하게 들어가지 않는다. 한국 사람들도 바쁠 때 막 지은

이탈리아 엄마들이 좋아하는 요리인 인살라타 디 리소.

이탈리아 요리 대부분은 정말 간단하다.

밥에 간장과 참기름을 넣고 비벼 맛있게 뚝딱 해치우지 않나? 이탈리아 사람들도 시간이 없을 때는 오븐에서 갓 나온 빵에 올리브 오일, 후추, 소금만 있으면 맛있는 한 끼를 먹을 수 있다.

배달 문화는 거의 없다고 보면 된다. 피자 정도는 배달로 먹기도 하지만, 기본적으로 이탈리아 음식은 배달과는 맞지 않는다는 인식이 크다. 파스타를 배달로 먹는 건 상상할 수 없다. 물론 밀라노나 로마 같은 대도시에서는 배달 사업이 활성화되는 추세이기는 하다. 여기에 코로나 19가 유행하면서 배달이 좀 더 친숙해지기는 했다. 배달이 활성화된 메뉴는 햄버거, 스시, 케밥, 중국 음식이나 멕시코 음식 정도다. 배달로 피자를 제외한 이탈리아 음식을 먹기는 앞으로도 쉽지 않을 것 같다. '가스트로노미아Gastronomia'라고 음식을 포장해 판매하는 곳도 있기는 하다. 일종의 반찬 가게 같은 곳인데, 식당에 가기는 부담되고 요리할 시간은 없을 때, 음식을 사 가서 데우기만 하면 된다.

####### 아페타티는 꼭 먹어 봐야 할 이탈리아 음식

한국에서 구하기 어려운 이탈리아 음식 중 가장 그리운 것은 아페타티Affettati다. 염장한 후 말린 일종의 햄인 살루미salumi 를 얇게 썬 것이다. '아페타티'는 '얇게 썬다'는 의미인데 말 그대로 살루미를 얇게 썰어 낸 햄이다.

유럽에서는 이렇게 염장해서 건조한 햄을 만들어 먹는 문화가 일반적이다. 냉장고가 없던 시절, 고기를 오랫동안 보관하기 위해 개발한 조리법이다. 스페인의 하몬Jamón, 프랑

아페타티는 빵에 얹어 먹으면 그만이다.

지극히 사적인 이탈리아

스의 샤퀴테리Charcuterie와 유사하다. 유럽에 가면 나라별로 이런 햄들을 다 먹어 보는 걸 추천하지만, 특히 이탈리아의 아페타티는 다양성 면에서 최고라고 생각한다. 돼지고기는 물론 소고기, 말고기, 당나귀, 오리, 멧돼지까지 다양한 동물들의 다양한 부위를 사용해 만든다. 먹고살기 힘들었던 시절, 이탈리아 사람들은 그 무엇 하나도 버리지 않고 최선을 다해 먹었다. 그 결과가 300종 이상의 아페타티다.

이탈리아의 아페타티를 추천하는 또 다른 이유는, 지금도 이탈리아에서는 시골 농장에서 옛날 방식으로 만드는 곳이 많기 때문이다. 방부제 없이 후추, 소금, 마늘, 허브 등을 넣어 만드는데, 집집마다 장맛이 다른 것처럼 농장마다 맛과 풍미가 다르다. 이탈리아 마트에 가면 아페타티를 파는 코너가 있다. 보통 여기서 100그램 정도 단위로 사다가 먹는 경우가 많은데, 나는 농장을 찾아가서 먹는 아페타티 맛이 그립다.

최근에는 한국에서도 이탈리아산 아페타티를 마트에서 찾아볼 수 있게 됐다. 프로슈토Prosciutto, 브레사올라Bresaola, 모르타델라Mortadella 같은 것들이다. 프로슈토는 돼지 다리 살을 통째로 말린 것이고, 브레사올라의 재료는 소고기다. 모르타델라는 갈아 낸 돼지고기로 만든 햄이다. 프로슈토는 하몬과 비슷해서 많이 익숙할 텐데, 같은 부위로 만들지만 맛이 완전히 다르다. 프로슈토는 기름기가 거의 없고 아주 얇게 썰어 낸다. 이걸 멜론에 얹어 먹거나 막대 모양 빵인 그리시니Grissini에 감아 먹으면 최고의 안티파스토가 된다. 가끔 프로슈토를 하몬으로 부르는 걸 보면 "그거 하몬 아닌데요?"라는 말이 혀끝에 맴돈다. 완전히 다른 음식이니 꼭 경험해 보기 바란다.

─── 파스타? 스파게티?

"뭐가 파스타고, 뭐가 스파게티야?"

많이 받는 질문이다. 이렇게 생각하면 쉽다. 스파게티는 '면'의 종류다. 진짜 이탈리아 파스타의 가짓수는 아마도 한 400여 개? 정확하지 않다. 그보다 많을지도 모른다. 소스가 400개란 뜻이 아니다. 면의 종류가 어마어마하게 많고, 각 면에 어울리는 소스가 따로 있다. 시리얼처럼 자잘한 면, 짧은 면, 별 모양 면, 중간 면, 두꺼운 면, 더 두꺼운 면… 이런 식으로 엄청나게 많은 면 중에 하나가 '스파게티' 면이다. 내가 처음 한국에 왔을 때만 해도 소위 '양식 집'에 가면 모든 파스타를 스파게티라고 했다. 오일 소스든, 크림 소스든, 토마토소스든 상관없었다. 그러나 지금은 다양한 파스타 면을 사용하는 레스토랑이 많아졌고, 생면을 직접 제조하는 곳도 많이 생겨났을 정도로 이탈리아 음식에 대한 인식이 달라졌다.

이탈리아 파스타의 종류를 일부 소개하면 다음과 같다.

파스타 피콜라 Pasta Piccola

쌀처럼 자잘한 면. 별 모양을 비롯해 여러 가지 모양이다. 보통 수프에 넣어 먹는다. 우유에 말아 먹는 시리얼 같은 느낌이라고 생각해도 좋다.

파스타 코르타 Pasta Corta

손가락 두 마디 길이의 짧고, 모양을 낸 파스타다. 나비 모양, 바퀴 모양, 스크루드라이버 모양, 조개 모양 등 다양하다.

파스타 룽가 Pasta Lunga

면의 길이가 긴 파스타로, 여기에 '스파게티'가 포함된다. 굵은 면, 납작한 면, 구멍 뚫린 면 등 역시 다양한 종류가 있다.

건파스타와 생파스타

건조 여부에 따라 나누기도 한다. 보관이
용이한 건파스타는 집에서 언제든 만들어
먹을 수 있지만, 말리지 않은 생파스타는 그
날 먹어야 한다. 이탈리아 식당에서는 거의 생파스타를 내준
다. 나의 할머니는 밀가루와 물로 반죽한 생파스타를 만들곤
하셨다. 내가 자란 베네치아의 전통 파스타로는 비골리 인
살사Bigoli in Salsa가 유명하다. 면이 두껍고 소스에 파슬리, 마
늘, 앤초비가 들어가는 짭짤한 파스타다.

─────── 피자집에서 파스타 찾지 마세요

이탈리아는 한국처럼 외식 문화가 보편적이지는 않다. 집
에서 먹는 것보다 많이 비싸기 때문이다. 싸게 먹는 방법이
없지는 않다. 가장 흔한 것은 바에서 파는 샌드위치나 길거
리 음식이다. 아란치니Arancini라는 튀긴 주먹밥을 팔기도 하
고, 도우가 두꺼운 빵 느낌의 피자를 한 조각씩 팔기도 한다.
1~5유로 정도로 한 끼를 때울 때 먹는 음식들인데, 한국처
럼 저렴한 가격에 다양한 음식을 기대하기는 어렵다.

지극히 사적인 이탈리아

시칠리아의 거리 음식 아란치니. 튀긴 주먹밥이다.

나폴리의 피체리아.

테이크아웃을 제외한 외식 중에 가장 만만한 것은 역시 피자다. 이탈리아에서는 피자집을 '피체리아Pizzeria'라고 한다. 1인당 10~15유로 정도면 한 판씩 즐길 수 있다. 가격이 싸다고 해서 솜씨도 싸구려는 아니다. 피체리아의 요리사는 피자이올로Pizzaiolo라고 불리는데, 오랫동안 갈고 닦은 피자의 달인들이다.

요리를 먹으려면 리스토란테Ristorante나 오스테리아Osteria에 간다. 리스토란테는 레스토랑을 이탈리아어로 부르는 말이니 익숙할 것이다. 오스테리아는 와인과 함께 간단한 음식을 내오는 식당이었지만 지금은 리스토란테와 크게 다르지 않다. 차이점이 있다면 가정에서도 자주 먹는 소박한 메뉴가 있고 인테리어가 전통적인 느낌을 준다는 점이다. 오스테리아는 원래 로마 제국 시대에 여행자들에게 식사와 쉴 곳을 제공하는 일종의 '쉼터'였던 곳이다. '오스테리아'라는 명칭도 손님을 뜻하는 라틴어 '호스피테Hospite'에서 유래됐다고한다. 이런 식당들은 1인당 최소 20유로 이상은 각오해야 한다. 가족 단위로 외식을 하기는 좀 부담스럽다.

간혹 리스토란테 피체리아Ristorante Pizzeria로 불리는, 요리와 피자를 같이 파는 식당들이 있는데, 한국처럼 피자와 요리를 같이 먹는 사람은 없다. 이런 곳을 갈 때는 가기 전에 피

지극히 사적인 이탈리아

자를 먹을지 요리를 먹을지 미리 정해야 한다. 여러 가지 메뉴를 판다고 해서 꼭 맛이 떨어지는 식당은 아니다. 다만 이런 식당에 갈 때는 요리 주방과 피자 주방이 분리돼 있는지, 화덕이 구비돼 있는지, 피자이올로가 있는지를 확인해야 한다. 한 주방에서 이것저것 다 만드는 식당은 피하는 게 좋다.

식당에서 계산하는 문화는 이탈리아와 한국이 놀라울 정도로 닮았다. 일단 자리에 앉으면 돈 걱정을 하기보다는 맛있게 먹는 데 집중한다. 더치페이는 좀 마뜩잖다. 친구들끼리 만나면 대체로 '적당히' 돌아가면서 낸다. 그러다가 형편이 좀 더 좋은 친구가 몇 번 더 쏘는 식이다. 굳이 서로 사정을 말하지 않아도 누가 벌이가 좋고 여유가 있는지 알고 있으니 눈치껏 그렇게 한다. 이탈리아에 있을 때는 더치페이를 해 본 기억이 거의 없다. 부모님한테 받은 용돈으로 친구들과 피자를 먹으러 갔을 때 말고는 기억나는 일이 별로 없다. 어릴 때는 다들 용돈에 여유가 없으니 더치페이를 했지만 아르바이트를 시작한 이후로 더치페이는 사라졌다. 물론 친구들 열댓 명이서 한번에 식사를 하러 가서 식사비가 너무 많이 나왔다거나, 너무 비싼 음식을 먹으러 갔을 때라면 얘기가 다르다. 그럴 때는 자연스럽게 나눠 낸다.

예전에 독일에서 3개월 정도 있었는데, 그때는 여러 나라에서 온 친구들과 함께 식사하고 자기 몫만큼 계산했다. 솔직히 마음은 편했는데, 그래도 내 친구들이나 친척들과 식사를 하고 더치페이를 하는 건 정서상 용납이 안 된다.

한국에 있으면서 정말 웃기는 장면을 많이 봤다. 계산대 앞에서 서로 "내가 낸다니까!" 하며 실랑이를 벌이는 모습이다. '정情'이라 할 수 있는 이탈리아어 '칼로레calore, 따뜻함'가 자연스럽게 떠올랐다. 상대방이 먼저 결제해 버리면 버럭 하며 '화를 내는 척'하는 것도 어쩌면 이렇게 비슷한지 모르겠다. "내가 내려고 했는데!"라며 화를 내는데 얼굴은 웃고 있는 그 장면 말이다.

코로나 19가 지나간 뒤 오랜만에 이탈리아에 갔을 때, 한국에서 배운 신기술을 써 봤다. '화장실에 가는 척하며 계산하기'다. 이탈리아에서는 경험해 보지 못한 최신 기술에 친구들은 정신을 못 차리더니 나를 나무랐다. "오랜만에 왔는데 왜 네가 계산해!"라며 언성은 높아졌지만, 표정은 그렇게 환할 수가 없었다.

지극히 사적인 이탈리아

"왜 음식 가지고 장난쳐?"

피자 이야기가 나온 김에 파인애플 피자 이야기를 해 보자. 인터넷에는 이탈리아인들이 파인애플 피자를 혐오한다는 밈이 우스개로 퍼져 있다.

"이탈리아인이 파인애플 피자를 먹는 법은?"
"쓰레기통으로 직행하기."

이런 내용들이다. 물론 이탈리아인들도 이런 밈을 알고 있다. 다른 나라 사람들이 왜 재밌어하는지도 짐작은 간다. 피자에 목숨 거는 이탈리아인이라는 밈은 사실 반은 맞고 반은 틀리다. 이탈리아인은 피자가 아니라 음식에 진지하다. 그리고 음식의 조화를 아주 중요하게 생각한다. 이렇게 생각해 보자. 여러분의 눈앞에서 먹음직스럽게 끓인 된장찌개에 딸기 시럽을 뿌린다면 어떻게 될까? "음식 가지고 왜 장난쳐?"라는 말이 바로 나오지 않을까? 이탈리아인들에게 파인애플 피자는 바로 이런 장난을 치는 것과 비슷하다.
이탈리아에도 과일을 올린 피자가 있다. 이런 피자들은 재료 본연의 맛과 조화를 살려 만든다. 다른 이탈리아 음식과 마찬가지다. 이탈리아인이라면 어떤 재료끼리 어울리는지를 본능적으로 안다. 파인애플 피자는 이런 조화가 깨진 음식이다. 대체로 인터넷에 올라오는 파인애플 피자는 토마토소스를 베이스로 한다. 여기서부터 이해할 수 없다. '산도가 높은 토마토소스에 다시 산도가 높은 파인애플을 왜 올리지?' '그 맛 좋은 토마토소스를 왜 파인애플 맛으로

▶▶

이탈리아인들이 파인애플 피자를 싫어하는 이유는 딱 하나다. 맛의 조화가 깨졌다고 생각하기 때문이다.

가리는 거지?' 이건 미국인들이 진짜 토마토의 맛을 몰라서 그런가 싶기도 하다. 이탈리아 토마토를 먹어 봤다면 저런 생각은 처음부터 하지 않았을지도 모르겠다.

파인애플을 쓰려면 토마토소스를 넣지 않고 모차렐라 치즈만 쓰는 피자 비앙카에 올리는 게 기본이다. 그리고 단맛이 강한 파인애플에 짭짤한 햄을 말아서 조화를 이루는 방법 등을 생각해 볼 수 있겠다. 이런 기본도 없이 만들어 낸 피자를 보면 음식으로 장난친다는 생각이 들지 않을 수 없다. 이탈리아인들은 파인애플을 싫어하지 않는다. 기본이 안 된 요리를 싫어하는 것뿐이다. 실제로 나폴리의 한 피자이올로는 파인애플을 사용한 피자의 예시를 유튜브에 올려 좋은 반응을 얻기도 했다.

지극히 사적인 이탈리아

─── 셰프에게 '오늘의 메뉴'를 물어라

이탈리아의 레스토랑을 이야기할 때, 로마나 밀라노 시내를 방문한 관광객들이 주로 찾는 레스토랑과 이탈리아인들이 가는 레스토랑을 구분할 필요가 있다. 관광 도시 한복판의 레스토랑은 대체로 고유한 특색이 없는 편이다. 이런 곳에서는 간혹 파스타와 피자를 함께 팔기도 한다. 특별한 전통도, 자부심도 없고, 훈련되지 않은 아르바이트생을 쓰는 경우도 많다.

반면 이탈리아의 전통적인 레스토랑은 서비스를 중요하게 생각하기 때문에 아르바이트생이 아닌 직원이 있으며 매일 메뉴가 바뀌는 곳이 많다. 주인이 아침에 시장에 가서 재료를 고를 때, 가장 신선하고 상태 좋은 재료가 그날의 메뉴가 된다. 그래서 이런 식당에서는 메뉴판보다는 셰프에게 '오늘의 메뉴'를 물어보는 게 더 만족스러운 식사를 할 수 있는 방법이다. 메뉴판에 따로 없어도, 예를 들면 "우리가 1인당 15유로를 쓸 수 있는데, 안티파스토는 먹지만 프리모는 생략하고 싶으니 세콘도에서 좋은 메뉴를 추천해 주세요." 하면 된다. 구체적으로, 적극적으로 주문할수록 만족스러운 식사를 제공받을 수 있다. 그러니까, '진짜' 이탈리아 식당을 즐기려

루카 지역의 레스토랑. 이탈리아의 전통적인 레스토랑은 아르바이트생이 아니라 직원을 고용하며, 매일 메뉴가 바뀐다.

면 웨이터와 셰프를 충분히 이용하는 게 좋다. 믿고 맡기면 셰프는 정말이지 최선을 다한다.

셰프의 요리가 마음에 들었다면 적극적으로 표현해 보길 바란다. 누누이 이야기해 왔지만 이탈리아인은 음식에 진심이다. 당신이 셰프의 요리에 존중을 표하면 상대방도 당신을 더욱 존중해 줄 것이다.

이탈리아에서 맛있다는 표현은 기본적으로 세 가지가 있다. 부오노Buono, 맛있다, 부오니시모Buonissimo, 아주 맛있다, 델

지극히 사적인 이탈리아

리치오소Delizioso, 아주 맛있다. '델리치오소'는 '부오니시모'와 같은 의미이지만 표현을 다르게 하려고 쓰는 말이다. 초보 여행자라면 이 정도 표현만으로도 진심을 전달할 수 있겠지만, 가능하면 더 구체적으로 표현하면 좋다. 그것이 상대를 더욱 존중하는 느낌이 들기 때문이다.

내가 즐겨 쓰는 표현은 '델리카토Delicato'다. 영어로 'Delicate'와 'Pleasant'라는 의미를 가진 단어인데, 번역하자면 '사용된 재료가 서로 완벽한 조화를 이뤄 본연의 맛을 해치지 않는 품격을 갖추고 있다'라는 뜻이다. 이를테면, 구하기 아주 어렵고 신선한 생선을 올리브 오일에 정성껏 구워 내 파슬리만 얹어 내왔을 때, 생선의 맛이 조금도 훼손되지 않아 풍미가 가득할 때, 나는 "델리카토!"라고 말한다.

한국에는 생선을 고추장 등의 양념으로 조리는 요리가 많은데, 개인적인 취향을 말하자면 좀 안타까울 때가 있다. 한국은 생선의 질이 아주 높은 나라다. 예를 들어, 매우 신선한 대구를 강한 양념으로 조려서 대구찜을 만들면, 물론 그 나름의 맛은 훌륭하지만, 적어도 이탈리아인의 시각에서 '델리카토!'라는 형용사는 붙이기 어렵다. 또 다른 찬사의 표현으로 '파르티콜라레Particolare'라는 단어가 있는데, 한국말로 '독특하다' 정도가 된다. 한국에서는 음식을 두고 "독특하다"

이탈리아에서 풍미 가득한 음식을 만나면 "델리카토" 또는 "파르티콜라레"라고 해 보자.

라고 말하면 썩 긍정적인 느낌이 아니지만, 이탈리아에서는 '델리카토'하면서도 창조적인 맛, 색다른데 매우 조화롭고 맛있다는 표현이 된다. 이탈리아를 여행할 때 '부오노' 외에 맛있다는 표현을 하고 싶다면, 이 두 표현을 사용해 보는 것도 좋을 것이다.

─── 이탈리아 식당, 어렵지 않아요

이탈리아의 레스토랑에 들를 때 고민하는 사람들이 있다. 식당 매너를 몰라서 폐를 끼칠지도 모른다는 이유 때문이다. 한국인다운 배려심이 고맙기도 하지만 내가 해 주고 싶은 조언은 이렇다.

"식당은 완벽한 요리를 내올 의무가 있다. 하지만 손님이 완벽할 필요는 없다!"

이탈리아 레스토랑들은 생각보다 캐주얼하다. 엄격한 드레스코드나 엄격한 식사 매너와는 거리가 좀 있다. "이탈리아 레스토랑에 들어갈 때 알아야 할 예절은 무엇인가요?"라는 질문을 많이 받는데, 이렇게 대답한다. "결제할 돈만 있으면 돼요."

만일 긴 배낭여행 중이라 행색이 꼬질꼬질한데 고급 레스토랑에 갈 기회가 생겼다 해도, 망설일 필요가 없다. 누구도 뭐라고 하지 않는다. 물론 스스로 불편할 수는 있다. 정 마음에 걸리면 웨이터에게 "여행 중이라 편하게 왔다. 이해해 달라."라고 한마디하고, 맛있게 식사하면 된다.

다만 앞서 이야기했듯이 이탈리아 레스토랑은 셰프의 자부심이 엄청나다. 이 자부심은 엄격한 매너를 요구하는 자부심이 아니라, 만든 요리를 손님이 최상의 상태로 즐기고 최대한 만족하길 바라는 마음이다. 그렇기 때문에 한국에서처럼 메인 요리를 여러 개 시켜서 테이블 가운데 두고 나눠 먹는 것은 가급적 피하는 게 좋다. 최상의 재료로 정성들여 만든 음식을 맛없게 먹는 꼴이 되니까 셰프가 보기엔 너무나 아까운 것이다.

통일성 없이 많은 메뉴를 한꺼번에 시키는 게 곤란한 또다른 이유는 와인 때문이다. 각 요리에 맞는 와인의 종류가 따로 있고, 이 '조화'를 이탈리아 사람들은 매우 중요하게 생각한다. 고기류와 해물류를 같이 주문하면, 무슨 와인을 추천해 줄지 몰라 난감해하는 웨이터의 얼굴을 마주할 수도 있다. 그 정도가 매너라고 할 수 있겠다.

이탈리아에 가서 운 좋게, 관광지 식당이 아닌 '진짜' 이탈

베네치아에 위치한, 유명 셰프 잔프란코가 운영하는 해산물 식당 오스타리아 다 프란 츠(Hostaria Da Franz). 음식 값이 비싸기는 하지만, 주머니 사정이 허락하는 선에서 셰프에게 맡겨 보는 것도 좋다.

리아 전통 식당을 찾았다면, 먼저 자기가 돈을 얼마나 쓰고 싶은지 말하고, 거기에 맞는 요리를 추천해 달라고 해 보자. 최고급 레스토랑을 제외하고, 20~30유로면 꽤 훌륭한 식사가 가능하다. 그리고 서비스를 완전히 맡겨 보자. 메뉴판보다 셰프를 완전히 믿는다는 의사를 전달하면, 셰프는 더욱 적극적으로 실력을 보여 준다.

——— 팁은 없지만 차림비는 있다

'서양 영화'를 보면 서빙하는 직원에게 팁을 주는 장면을 보게 된다. 그래서 '서양'을 여행하면서 팁을 줘야 하나 말아야 하나 고민하는 사람들이 많은 것 같다. 적어도 이탈리아에서는 안심해도 된다. 이탈리아와 한국의 팁 문화는 거의 완전히 똑같다. 즉, 팁을 주는 문화가 없다는 말이다. 그 대신 직원이 열심히 하거나 서비스가 만족스럽다면 얼마간 돈을 주거나, 거스름돈을 안 받거나 한다. 한국에서 참치집이나 고기를 구워 주는 식당에서 직원 분들에게 팁을 주는 것과 비슷한 개념이다. 보통 10~50유로 정도 되는 것 같다. 금액도 한국과 거의 비슷하다. 이탈리아인들에게도 미국식 팁 문화

는 이해하기 어렵다. 직원들도 팁을 당연하게 바라고 일하지
는 않는다.

팁은 없지만 조금 생소할 수 있는 문화가 있다. 코페르토
Coperto다. 잔이나 식기류 등을 세팅하는 비용으로, 일종의 자
릿세, 혹은 차림비로 이해하면 된다. 수산 시장 식당에 가면
차림비를 받는 것과 비슷하다.

모든 식당 메뉴판에는 코페르토가 적혀 있다. 보통 1인당
1~3유로 정도다. 고급 식당은 5유로 정도까지 올라가기도
한다. 코페르토가 1유로인 피체리아에 네 명이 가서 10유로
짜리 피자를 먹었다면 계산할 금액은 14유로가 된다. 이탈리
아 식당에는 코페르토가 있다는 걸 꼭 알아두고 방문하기 바
란다. 예상외의 추가 비용이 붙으면 누구나 기분이 상할 수
있으니 말이다.

—— 좋은 식당 고르는 법

요즘은 나도 베네치아에 갈 때마다 좋은 식당 고르기가 어
렵다. 겉으로는 이탈리아 식당인데, 사장과 일하는 사람들이
다 외국인인 경우도 많다. 한국인들이 명동에 가면 마땅히

갈 데가 없다는 느낌을 받는 것과 비슷하다. 핵심 관광지에서는 뒷골목으로 최소한 10분 이상 걸어간 후 식당을 선택하는 게 안전하다. 시내 한복판에 있더라도 음식의 질을 보장할 수 있는 식당이 있기는 하다. 그건 바로 '엄청나게 비싼 집'이다. 시내 한복판에서 '투데이 메뉴 20유로' 이런 집을 선택했다가는 편의점에서 파는 냉동 피자를 맛보게 될 수도 있다.

사실 낯선 곳에선 현지인의 추천을 받는 게 가장 좋다. 하지만 말이 통하지 않는다면 쉽지 않은 일이다. 그래서 요즘에는 아예 인터넷의 도움을 받는 게 편하다. 검색만 잘하면 괜찮은 식당을 찾을 수 있다. 구글 맵을 열고 다음과 같이 검색어를 입력해 보자.

리스토란테: 밀리오레 리스토란테(migliore ristorante) + 동네명

피체리아: 밀리오레 피체리아(migliore pizzeria) + 동네명

'밀리오레migliore'는 최고라는 뜻이다. 여기에 리스토란테나 피체리아를 붙이고, 찾고자 하는 동네의 이름을 넣으면 이탈리아어로 그 동네 최고의 식당이나 피자집을 검색할 수 있다. 예를 들어, 토리노에서 괜찮은 식당을 찾는다면

지극히 사적인 이탈리아

"migliore ristorante torino"를 입력하면 된다. 물론 토리노보다는 작은 단위의 지역명을 쓰는 게 더 정확하다. 그러고는 평점이 높고, 리뷰가 많은 식당을 고른 뒤 사진을 유심히 본다. 음식 사진은 물론이고 요리사가 이탈리아인인지 확인해 본다. 이런 방법을 쓰면 높은 확률로 괜찮은 식당을 찾을 수 있다. 이탈리아어로 검색하면 '내국인'이 찾아 낸 맛집이니 관광객들이 쓴 리뷰보다는 훨씬 신뢰할 수 있다.

중요한 것은 이탈리아 음식을 '한번에' 알기란 매우 어렵다는 사실이다. 어떤 음식이라도 마찬가지일 텐데, 그 나라의 문화를 알아야 진짜 '맛'을 느낄 수 있다. 비싼 데도 가 보고, 싼 데도 가 보고, 길거리 음식도 먹어 보면서 다양하게 즐겼으면 한다. 유명하다고 소개된 곳 한두 군데만 가 보고 맛을 판단하는 건 안타까운 일이다. 대도시일수록 더 그렇다. 외국인이 서울 한복판의 프랜차이즈 식당에 가서 '한국 음식이 이렇구나!'라고 결론짓는다면 너무 안타깝지 않겠나?

식당의 휴일은 보통 월요일이고 크리스마스는 무조건 예약제다. 휴가철인 8월 초에는 '오직 관광객 대상'의 식당이 아니라면, 거의 문을 닫는다. 괜찮은 식당을 못 찾을 수도 있기 때문에, 음… 케밥을 추천한다.

알베르토의 초간단 파스타

이탈리아에서 '파스타 델로 스투덴테Pasta dello studente, 학생의 파스타'라 불리는 게 있다. 최소의 노력으로 최선의 맛을 내는 초간단 파스타다. 짧은 리본 모양으로 비틀어

지극히 사적인 이탈리아

푸질리 파스타.

진 푸질리Fusilli 파스타로 만든다. 삶는 데 10분 걸린다. 여기에 이탈리아 참치 통조림을 따서, 넣고, 비빈다. 끝. 이탈리아 참치 통조림은 올리브 오일에 담겨 있어서, 올리브 오일 파스타가 10분 만에 만들어지는 거다. 한국에서 살게 된 후에도 집에서 자주 해 먹는다. 한국 참치 통조림으로 할 때는 캔의 기름을 다 따라 내고 참치만 건져 넣은 뒤, 올리브 오일을 따로 넣어주면 된다.

이탈리아
공식 언어는 28개

"L'italiano e' una lingua parlata dai doppiatori."

"완벽한 이탈리아어는 성우들만 쓴다."

Enno Flaiano
(엔노 플라이아노, 작가)

이탈리아인으로서 이탈리아인의 정체성을 말하기는 어렵다. 이탈리아뿐 아니라 다른 나라도 마찬가지다. 한국인이라도 '한국인은 이렇다'라고 쉽게 정의하기는 어려울 것이다. 통일된 역사가 짧은 이탈리아는 더욱 그렇다. 하지만 이탈리아인들은 커피 없이는 일상생활을 할 수 없고, 음식의 조화가 맞지 않으면 화를 낸다. 이런 디테일을 보면서 이탈리아인이라는 모자이크를 맞추어 나갈 수밖에 없다.

이탈리아의 정체성은 도시 국가의 전통에서 오는 다양성에 기반한다고 볼 수 있다. 그 다양함이 바로 이탈리아의 가장 기본적인 정체성이다. 이걸 하나로 묶어서 정의를 내린다면 그건 이미 이탈리아와는 먼 이야기가 될 것이다. 이탈리아 북부와 남부 사람들의 공통점은 커피를 마시는 문화 정도다. 기후가 다르고 식재료가 달라 음식이 다르고, 심지어는 언어까지 다르다. 사투리가 있어서 다르다는 의미가 아니다. 진짜 언어가 다르다.

———— 사투리는 400개

이탈리아에는 28개의 공식 언어가 있다. 이탈리아어는 공용어 公用語다. 즉 28개 공식 언어 중 하나가 이탈리아이라는 말이다. 사투리만 해도 400개다. 제주 말 빼고는 의사소통에는 문제가 없는 나라에서 살고 있는 한국인 입장에서 어떻게 받아들일지 잘 모르겠다. 하지만 이탈리아는 지금도 이탈리아를 만들어 가고 있는 나라다. 언어를 보면 왜 그런지 이유가 조금은 보일지 모르겠다.

이탈리아의 면적은 약 30만 제곱킬로미터다. 남한 면적의 세 배 정도 되는 이 땅은 로마 멸망 이후 1861년 다시 통일될 때까지 갈기갈기 찢어져 있었다. 북부와 남부는 각기 다른 제국의 침략을 받기도 했고, 주요 도시들은 살 길을 찾아 각자도생해 왔다. 그 결과 베네치아, 밀라노, 로마, 파르마, 나폴리, 피렌체, 시에나 등 수많은 도시 국가가 탄생했고 제각각 발전했다.

그러다 보니 언어도 달라졌다. 나는 지금도 집에 가면 베네치아어를 쓴다. 이탈리아어와는 많이 다르다. 거의 서울말과 제주 말 정도 차이는 되는 거 같다. 베네치아어로는 다른 지역 사람들과 소통이 어렵다. 물론 다른 지역 언어도 마찬가지다. 역사가 오래된 베네치아, 밀라노, 시칠리아 같은 동네는 그곳 말로 된 독자적인 문학 작품이 있을 정도다.

1997년 노벨상 문학상을 수상한 극작가 다리오 포Dario Fo,

1926~2016의 작품은 나도 원작을 읽을 수 없다. 다리오 포가 밀라노 말로 글을 썼는데, 베네치아 사람으로서는 도무지 무슨 말인지 알아먹을 수가 없어서다.

─── 이탈리아어가 된 피렌체어

이탈리아가 통일되는 과정에서 가장 중요한 것 중 하나는 '이탈리아어' 만들기였다. 그렇다면 의문이 들 수 있다. 바로 왜 라틴어는 안 쓰느냐는 질문이다. 답변하자면, 라틴어는 '한자漢字' 같은 언어이기 때문이다. 그만큼 일반인이 배우고 사용하기 까다롭다. 라틴어보다 사용하기 쉬운 말을 만들어야 할 필요가 있었다.

　이탈리아어는 '한글'처럼 새롭게 만들어진 언어는 아니다. 그 모태는 피렌체 말이다. 단테Dante degli Alighieri, 1265~1321가 《신곡》을 피렌체 말로 쓴 덕택이다. 그 전까지 이탈리아의 문학은 라틴어로 쓰여졌다. 그렇다고 해서 이탈리아인들이 《신곡》을 원전 그대로 읽을 수 있냐고 하면, 그대로 읽기는 어렵다고 대답해야겠다. 《신곡》은 따지고 보면 《용비어천가》 같은 문헌이다. 현대 이탈리아어와는 좀 다르다.

도미니코 디 미켈리노 작품 '단테의 신곡'.

현대 이탈리아어를 만드는 데 가장 큰 기여를 한 사람은 작가인 알레산드로 만초니Alessandro Manzoni, 1785~1873다. 이탈리아어를 정립하고 대중화하는 데 기여한 그는 한국으로 치면 주시경1876~1914 선생 같은 인물이다. 이탈리아 통일 운동인 리소르지멘토Risorgimento에 투신했던 만초니는 피렌체 말에 밀라노 말을 섞어서 현대 이탈리아어의 원형을 만들

지극히 사적인 이탈리아

현대 이탈리아어 정립의 핵심 인물, 알레산드로 만초니.

어 냈다. 1827년에 발표한 《약혼자들》은 이탈리아인이면 교
과서에서 무조건 배우는 작품이다.

　물론 이탈리아어가 만들어졌다고 해서 모든 이탈리아인들
이 갑자기 이탈리아어를 쓸 수 있게 된 것은 아니었다. 이탈리
아어가 정착될 때까지는 오랜 시간이 걸렸다. 학교가 만들어
져서 모두가 같은 공교육을 받고 무솔리니가 라디오에 등장
해서 온 국민이 같은 선전 방송을 듣도록 하지 않았다면 이탈
리아어 보급은 더 늦어졌을지도 모른다. 당장 내 할아버지도
이탈리아어를 알아듣기는 했지만 말하지는 못하셨을 정도다.

이탈리아에 여행을 가면 꼭 치즈를 먹어 보라고 권한다. 이탈리아 치즈는 약 2,500종류다. 유럽 연합에서 인증받은 치즈만 해도 487종이다. 치즈로 유명한 프랑스는 46종만이 인증을 받았다. 그만큼 다양한 치즈가 인증받을 수 있었던 이유는 전통을 유지했기 때문이다. 전 세계적으로 유명한 이탈리아 치즈 중 하나는 '파마산 치즈'다. 그런데 사실 이 제품은 미국에서 만들어지기 시작한 짝퉁이다. 진짜 파마산 치즈의

플로렌스 지방의 치즈와 살루미 가게.

이름은 '파르미자노 레치아노Parmigiano Reggiano'다. 파르마 지역에서 키우는 소의 품종과 우유, 사용하는 소금, 제조 방식 등을 지켜서 만들어야만 파르미자노 레치아노라는 이름을 붙일 수 있다. 고르곤졸라, 리코타, 페코리노 같은 치즈들도 마찬가지다. 엄격히 지켜진 지역의 전통이 이탈리아를 대표하게 된 것이다.

지금의 이탈리아가 이탈리아다운 다채로움을 간직한 것은 도시 국가의 전통을 이어 왔기 때문이다. 이것은 단지 식재료나 음식을 만들 때만 전통을 지켜서는 아니라고 생각한다. 이탈리아는 이탈리아만의 지역색이 가장 큰 강점이다. 따라서 지역의 언어도 나름의 특색을 유지하는 데 큰 역할을 한다고 생각한다.

그렇지만 이탈리아의 공식 언어들은 위기를 맞고 있다. 학교에서는 이 언어들을 가르쳐야 하는지 고민 중이다. 학생들 입장에서는 싫어할 수밖에 없다. 학교에서는 기본적으로 라틴어를 배운다. 문과는 라틴어에 고대 그리스어가 추가된다. 여기에 외국어까지 공부하려면 이미 학업 부담이 크다. 라틴어와 고대 그리스어를 배우는 이유는 이탈리아의 고전을 읽기 위해서다. 그렇지 않아도 라틴어와 고대 그리스어 때문에 "도와줘요. ChatGPT!"라고 소리치고 싶은 마음이 굴뚝같을 텐데 지방 언어까지 배우라고 하니 달갑지 않을 것이다.

베네치아 출신으로서, 나는 베네치아의 말이 살아남으면 좋겠다고 생각한다. 지금도 베네치아에 가면 베네치아 말을 한다. 이탈리아의 다른 지역보다 진짜 고향에 온 느낌이 든다. 이탈리아의 다른 지역은 나에게도 흥미로운 여행지이고 언제나 새로운 곳들이다. 하지만 베네치아만큼은 다르다. 베네치아 사람들은 베네치아 말을 하는 사람들을 다르게 대한다. 입에서 베네치아 말이 나오면 태도가 달라진다. 관광객들을 상대로 서비스하는 직원에서 동네 아줌마 아저씨로 돌아와 따뜻한 미소를 건넨다. "너 여기 사람이구나? 편하게 즐겨!" 경계심을 풀고 친근감을 가지는 데에는 베네치아 인사말 한마디면 충분하다.

코로나 19 시대가 끝나고 촬영 일로 한국을 방문한 축구 선수 델 피에로를 만났다. 유벤투스의 전설적인 선수인 그는 베네치아 출신이었다. 베네치아 말로 인사하자 델 피에로는 활짝 웃으며 "오! 베네치아 말을 하는 한국인이야?" 하면서 반겨 주었다. 일도 평소보다 훨씬 매끄러웠던 것은 물론이다.

아카데미아 델라 크루스카Accademia Della Crusca는 이탈리아의 국립국어원 같은 기관이다. '크루스카Crusca'는 '겨'를 뜻하는 말인데, 겨를 떼어 낸 '순수한 밀'처럼 이탈리아어를

베네치아 출신인 델 피에로에게 내가 베네치아 말로 인사를 하니 일하기가 훨씬 수월해졌다.

보존하겠다는 의미를 가진 단체로 보면 된다. 1583년에 만들어진 이 기관은 이름부터가 정말 이탈리아답다. 말을 보존하는 일을 밀을 보존하는 데에 비유하고 있으니 말이다. 이탈리아의 지방 공식 언어들은 이제부터 이탈리아가 보존해야 할 밀이 될지도 모른다.

이탈리아 남자는
고백하지 않는다

─── 집안의 절대 권력은 할머니와 어머니

이탈리아도 한국처럼 가족 중심적인 문화가 강한 편이다. 나의 할아버지와 할머니의 이야기를 들어보면, 60~70년 전만 해도 결혼관이나 부모 자식 간의 관계가 동시대의 한국과 엄청 비슷했다. 부모는 자식에게 엄격하고, 자식은 부모님 말에 순종하는 딱딱한 관계였다. 현재 이탈리아어에 남아 있는 극존칭은 교황에게만 사용하는데, 할아버지가 어렸을 때는 그 높임말을 부모님에게도 사용해야 했다고 한다. 부모가 교황급이었다는 뜻이다. 집안의 중심이 남자이고 여자들은 자유롭지 못했던 것도 비슷하다. 할아버지는 멀리 나가서 놀든 말든 상관없었지만, 할머니는 마음대로 외출도 못했다. 성인 여자가 어떤 남자를 만난다는 건 그 사람과 결혼할 예정이라는 의미였다. 할머니는 할아버지와 밖에서 데이트를 할 수 없었고, 결혼을 약속한 후에 할아버지를 집에 초대해야만 만날 수 있었다. 내 또래의 한국인들이 들려주는 그들 조부모 세대의 남녀 관계와 정말 똑같다.

그런데 두 세대가 지나면서 엄청난 차이가 생겼다. 이탈리아는 어지러울 정도로 급변한 반면, 한국은 다소 느리게 변화한 것 같다. 가족 중심의 사회라는 것은 여전히 비슷하지

시칠리아의 노부부. 이탈리아 가정에서는 여성의 영향력이 제일 크다. 사진에서도 느껴지지 않나?

만, 그 형태는 다르다. 한국의 경우, 전통적인 고정관념이 아주 없어지진 않은 것 같다. 한국 친구들을 보면, 부모에게 일종의 의무감을 갖고 있는 경우가 많다. 넓은 의미에서 유교적인 '효孝' 문화가 남아 있기 때문이 아닐까 생각한다. 아주 엄격한 집안에서 자란 한국 친구들을 보면 결혼한 후에도 부모님에게 자주 연락하고 용돈이나 선물도 많이 드리지만, 어떤 기준에 맞춰 행동한다는 느낌을 받을 때가 있다. 남들이 이 정도 하니까, 아니면 우리 형이나 누나가 이 정도 하니까 자신도 그래야 한다고 말하는 것을 종종 듣는다.

대부분의 이탈리아 가정에서는 할머니와 엄마의 영향력이 제일 크다. 가족이나 남녀 관계에서 여성의 목소리가 커진 것은 결정적으로 우리 부모 세대부터일 것이다. 소위 '68혁명'이 일어나면서 페미니즘이 등장했다. 이탈리아가 다른 유럽 국가들에 비해 상대적으로 보수적이라 해도 유럽 전체가 그 분위기를 공유한 게 사실이다. 당시로서는 가장 혁명적인 분위기를 경험한 이들이 우리 부모 세대였고, 요즘 이탈리아 사람들은 그런 부모들의 분위기를 물려받은 셈이다. 부모님은 내가 아주 어릴 때부터 이래라저래라 하신 적이 거의 없다. 나도 무슨 이야기든 부모님과 편하게 대화한다. 그렇다고 내 부모님이 이탈리아에서 아주 개방적인 편도 아니다.

열심히 성당에 다니시는 분들이다. 물론 사회 분위기를 일반화하기는 어렵지만, 삼대三代를 거치는 동안 남녀 관계에 있어서 한국과 이탈리아에 상당한 차이가 생긴 것은 분명하다.

——— 아내가 오해했던 이유

결혼 전에 아내와 함께 이탈리아에 갈 때마다 진땀을 빼야 하는 상황이 꼭 있었다. 바로 어릴 적 친구들을 만날 때다. 나의 '여자' 친구들이 "알베! 너무 보고 싶었어!" 하면서 와락 안겨 뽀뽀 세례를 퍼붓거나 내 무릎에 앉았기 때문이다. 당시 교제 중이었던 아내가 이 장면에 익숙해지기까지 오랜 시간이 필요했다.

한국에서는 '이성끼리 순수한 친구가 될 수 있는가?'라는 주제를 놓고 자주 설전이 벌어지는데, 이탈리아라면 질문 자체가 난센스다. 어릴 때부터 집이나 학교에서 남녀가 분리되는 일이 없기 때문에, '남자'인 친구와 '여자'인 친구를 구분할 일도 없다. 그냥 다 친구다. 아무런 성적 교감 없이 스킨십도 자연스럽게 한다. 한국에서 여자고등학교를 다닌 아내가 이런 분위기를 완전히 이해하기는 쉽지 않았을 것이다.

지극히 사적인 이탈리아

대학 친구들과 여행 중일 때다. 왼쪽에 있는 여자 사람 친구를 보라. 남성 친구 무릎 위에 자연스럽게 앉아서 사진을 찍는다. 이게 이탈리아 문화다.

또 한국 젊은이들은 결혼하기 전에는 양쪽 부모님을 잘 만나지 않는 것 같다. 이탈리아는 고등학교 때부터 남자 친구나 여자 친구를 집에 자주 데려온다. 상대방 부모님이랑 밥도 먹고 맥주도 한잔하면서 가족처럼 지낸다. 둘이 문 닫고 방에 들어가 있어도 아무도 뭐라고 하지 않는다. 오랜 시간 이렇게 지내다 보면, 결혼한 후에도 갈등이 생길 일이 많이 줄어드는 것 같다. 모르는 사람이 갑자기 나타나는 게 아니기 때문이다.

한국에 살면서 다소 의아하게 생각한 것이 있다. 남자들 세상 따로, 여자들 세상이 따로 있는 것 같다는 점이다. 남자들의 문화, 여자들의 문화가 기본적으로 따로 있고, 연애나 결혼을 위해 섞이는 문화가 또 따로 있는 느낌이랄까? 그런데 이런 분위기가 좋은 점보다는 부정적인 면이 더 많은 듯하다. 오해가 많아지기 때문이다. 예를 들어 결혼하고 나서 아내와 갈등이 생길 때 남자들끼리 모여 술을 마시면서 이렇게 말한다. "와이프가 맨날 빨리 들어오라고 잔소리야. 아주 죽겠어." 하면, 옆에서 "야, 나도 그래. 여자들은 도대체 왜 그러냐?"라고 추임새를 넣는다. 당연하다. 남자들끼리 백날 말해 봐야 똑같은 소리밖에 더 나오겠나? 그런데 이걸 만일 '여자'인 친구에게 말한다면, 아마 "야, 너만 생각하지 말고 집에

빨리빨리 좀 들어가. 집에서 종일 아기 돌보는 게 얼마나 힘든 줄 알아?"라고 말해 줄지도 모른다.

사실 그런 게 친구 아닐까? 한국에서는 원래 이성 친구가 있었던 사람도 결혼하면 자연스럽게 멀어지는 경우를 많이 봤다. 서로의 배우자에 대한 예의가 아니라고 생각하는 듯하다. 문화 차이를 생각했을 때 충분히 이해할 수는 있지만, 서로에게 소중한 조언을 해 줄 수 있는 사이가 이성이라는 이유만으로 깨지는 건 좀 안타깝다.

학창 시절부터 남녀가 함께 몰려다니고, 남녀 사이의 스킨십에 성적인 의미를 두지 않으며 살아온 사람들에겐 이성 친구의 존재는 매우 당연하다. 이렇게 말하면 반드시 받는 질문이 있다. 첫째, "그렇게 허물없이 지내던 사이에 성적인 감정이 생기면 어떻게 하는가?" 물론 그런 일이 절대 일어나지 않으리라 단언할 수는 없다. 그러나 그것은 진짜 오래된 친구들 사이에는 일종의 암묵적인 금기다. 웬만하면 일어나지 않는 게 좋은 일이다. 나에게 딱 한 번 그런 경험이 있다. 중학교 때부터 맨날 같이 음악 듣고 수다 떨고 놀러 다니던, 베스트 프렌드라 할 만한 여자 친구가 있었는데, 어느 날 '뭔가'가 있었다. 딱 하룻밤의 일이었다. 그 이후 1년 넘게 서먹하게 지내다가 어느 날 그 친구가 내게 편지를 썼다. "우리가 그렇게 오랫동안 달콤하고 신선한 오렌지를 가지고 있었는데, 순간의 욕심 때문에 그 오렌지를 으깨 버렸어."라고.

그리고 두 번째 질문. "네 연인이 이성 친구와 단둘이 만나도 얼마든지 이해하는가?" 물론이다. 오랜 친구라면 말이다. 하지만 오래된 친구가 아니라 최근 우연히 알게 된 사이인데 자꾸 둘이 만난다면, 사실 직감적으로 뭔가 이상한 것 아닌가? 내 연인의 무릎에 백 번 앉아도 괜찮은 사이와 한 번만 앉아도 불길한 사이를 구분하는 직감, 이건 그야말로 만국 공통의 법칙일 테다.

─── 쿨한, 지나치게 쿨한

오래된 친구들끼리 모였는데 한 여자 친구가 가슴이 깊게 파인 옷을 입고 왔다. 한 남자 친구가 "어? 너 생각보다 가슴이 크네? 한번 만져 봐도 돼?"라고 한다. 이 분위기를 상상할 수 있겠는가? 60~70년 전만 해도 한국과 크게 다를 바 없던 이탈리아가 지금은 이렇게 됐다. 더 놀라운 건 여자의 반응. "어, 그래!"

해변에 가면 토플리스 차림의 여성이 수두룩한데, 그걸 군

이탈리아 해변에서 여성이 토플리스 차림으로 누워 있어도 남성들은 그다지 신경 쓰지 않는다.

이 쳐다보는 남성도 별로 없다. 빤히 쳐다보거나, 반대로 어색하게 시선을 돌리는 사람이 있다면, 촌스럽고 고리타분한 사람이라고 욕먹을 것이다.

또 다른 예를 들어 볼까? 연말이 돌아올 때마다 이탈리아에서 가장 뜨거운 이슈는 내년 달력이다. 정확히 말하면 이듬해 달력에 누가, 얼마나, 옷을 '덜' 입고 나오느냐다.

12월이 되면 톱 배우들의 누드 사진이 실린 달력이 쏟아져 나온다. 여자 배우들의 달력이 물론 더 '핫'하지만, 남자 배우들도 똑같이 누드 달력을 낸다. 좋아하는 배우들의 달력을 수집하는 사람도 많다. 한국에서 이런 일이 일어난다면 반응이 별로 좋지 않을 것 같다. 달력을 낸 연예인들은 안티팬이 늘어날지도 모른다. 하지만 이탈리아는 열광적이다. 이를 비판하면 오히려 보수적이라고 공격받을 수도 있다.

개인적으로는 지나치게 개방적인 친구들을 만나면 불편할 때가 있다. 여성을 위해 자동차 문을 열어 준다거나 식당에서 의자를 빼 주는 매너가 페미니즘 측면에서 비판받는 맥락은 충분히 이해하지만, '레이디 퍼스트' 문화가 아예 없어지는 건 좀 아쉽다. 서로 존중하고 격식을 갖추는 것도 멋지다고 생각한다. 하지만 어디 가서 이런 소리를 하면 어린 친구들에게 아마 '꼰대' 소리 듣기 딱 좋을 거다.

이탈리아에서는 성적인 대화나 농담을 남자건 여자건 금기시하거나 부끄러워하지 않는다. 어릴 때부터 남녀가 한데 어울려 성에 대한 이야기를 자연스럽게 해왔기 때문에 전혀 이상한 일이 아니다. 한국에서는 성인들끼리도 성에 대한 이야기는 남자만 있을 때, 여자만 있을 때 따로따로 하는 것 같다. 그렇다고 이탈리아에 가서 성적인 말을 아무렇게나 해도 된다는 의미는 아니다. 한국보다 훨씬 개방적인 건 사실이지만, 어딜 가나 '센스'가 중요한 것 아닌가? 누가 들어도 불쾌하고 더러운 이야기를 자기 혼자 좋다고 낄낄대는 건 어느 나라에서나 비호감이다.

─── 결혼은 현실? 로맨스가 현실!

한국의 결혼 문화에서 가장 신기했던 것은 결혼 상대자를 주선해 주는 에이전시의 존재였다. 에이전시에서는 이른바 '스펙'을 고려해 남녀를 연결해 준다고 들었다. 각 나라의 상황과 문화가 다르니 어느 쪽이 좋다 나쁘다 얘기할 수는 없지만, 이런 에이전시가 성업 중이라는 건 한국 사회에 로맨스가 사라지고 있다는 뜻이 아닐까?

결혼을 할 때 상대방의 경제적 능력이나 집안 배경을 고려하는 문화는 이탈리아에도 있었지만, 내 조부모 세대의 일이다. 예를 들어, 내 또래의 이탈리아 사람이 "할머니는 왜 할아버지랑 결혼했어요?"라고 물으면, "할아버지 집에 닭도 많고 소도 두 마리나 있어서 결혼했지."라는 답을 들을 수도 있다. 모두가 가난해서 먹고사는 일이 최우선이던 시절에는 딸을 조금이라도 잘사는 집에 시집보내고 싶어 했다. 그래서 예단이나 도테Dote, 예물 같은 개념도 있었다. 여자는 결혼할 때 테이블 커버와 침대 시트, 베개 시트를 장만해 갔고, 부잣집에 시집갈수록 더 좋은 도테를 마련해야 했다. 지금은 상징으로만 남아 있다. 밥 굶는 시대가 아니니까 상대방의 집이 잘살고 못사는 게 결혼의 기준이 되지는 않는다. 한국도 절대적인 빈곤에서 벗어난 지 한참 됐지만 결혼 문화에서는 아직 경제적인 능력을 매우 중요시하는 것 같다.

이탈리아 사람들은 어떤 운명적인 만남에서 일어나는 로맨스를 중요하게 생각한다. 결혼의 조건은 대부분 사랑이다. 물론 돈이 인생 최고의 가치인 사람은 어디에나 있다. 그런 사람은 돈이 많은 배우자를 찾을 것이다. 그러나 대부분의 사람들은 그냥 사랑하는 사람과 결혼한다. 한국의 중학교나 고등학교에서 '너의 성적에 따라 미래의 남편감(또는 신붓감)이 달라진다'는 말이 있다고 들었다. 이탈리아 학교에서는 전혀 통하지 않을 말이다. 이탈리아 남자들에게 인생의 1순위는 돈도 명예도 아니고 '여자'다. 이걸 낭만적으로 말하면 '사랑'인 거다. 한국인 아내를 만나는 바람에 무작정 한국에 와서 살고 있는 나만 봐도 알 수 있지 않나? 오직 사랑만 보고 떠나는 것은 좀 무모한 일이 아니냐고 많이 묻는데, 이탈리아에서는 그런 질문을 받은 적이 없다. 결혼 상대를 만나는 일에서 이런저런 조건은 별로 중요하지 않기 때문이다.

국제결혼도 흔하다. 2023년 기준으로 이탈리아에서 결혼

지극히 사적인 이탈리아

하는 열 쌍 중 한 쌍은 다른 나라 사람과 결혼한다. 우리 집안의 경우는 좀 더 예외적이긴 하다. 나는 한국인과 결혼해서 한국에서 살고 있는데, 둘째 동생은 알바니아 여성과 결혼해서 이탈리아에서 산다. 막내 동생은 일본 여성과 결혼해서 독일에서 일하는 중이다. 삼형제가 다 국제결혼이라니, 이탈리아에서도 흔한 일은 아니다. 하지만 부모님은 전혀 신경 쓰지 않는다. 그저 부부끼리 건강하고 행복하게 사랑하며 살면 된다고 하신다.

재밌게도 국제결혼은 주변의 누군가가 스타트를 끊으면 장벽이 낮아지는 게 아닌가 싶기도 하다. 내가 아내와 결혼할 때 장모님은 "자네가 참 좋기는 한데, 우리 집안에 외국인은 하나면 족한 거 같네."라고 하셨다. 아마 그때부터 무언가를 느끼셨던 모양이다. 내가 아내와 결혼하고 나서 처제는 프랑스인과 결혼했다. 그래서 내 본가 부모님은 며느리가 전부 외국인이고, 처가 부모님은 사위가 전부 외국인이 됐다.

스펙으로 따지면 우리 부모님의 결혼은 아빠 입장에서 기적 같은 일이었다. 아빠는 고등학교 때 두 번 유급당하고 돈도 하나도 없었다. 엄마는 어릴 때부터 공부를 잘해서 좋은 직장을 얻고 가정 형편도 좋았다. 쉽게 말해 의사나 변호사와 결혼할 수 있는 여자였다. 그런데 두 분이 그냥 사랑해서

엄마와 아빠.
두 분은 상대의 조건이
아니라 '사랑' 하나만
보고 결혼했다.

결혼했다. 결혼 후 지금까지도 엄마 수입이 아빠의 두 배다. 그렇다고 아빠가 집안일을 더 많이 하는 것도 아니다. 엄마에게 아빠의 어떤 점이 가장 매력 있었냐고 물어보면 유머 감각이라고 하시는데, 아빠가 농담을 하면 우리 집에서 엄마혼자 웃는다.

——— 추파라니! 진심을 던지는 거다

이탈리아를 여행해 본 한국 여성들이 나에게 자주 묻는다. 이탈리아 남자들은 원래 그렇게 자주, 쉽게, 아무에게나 추파를 던지냐고. 우연히 눈이 마주친 이탈리아 남자가 내 애인한테도 못 받아 본 세상 달콤한 미소를 날리는 바람에 얼굴이 빨개졌다는 이야기, 배낭여행 중이라 걸인과 다름없는 행색인데도, 자신이 본 어떤 여인보다 아름답다며 말을 걸어오는 이탈리아 남성을 보며 자기를 놀리는 건가 싶었다는 이야기도 들었다. 당황할 필요도, 무서워할 필요도 없다. 결론부터 말하자면 그냥 다, 진심이다.

이탈리아 남자 100명을 모아놓고 인생에서 제일 중요한게 뭐냐고 물으면 99명은 아마 이렇게 대답할 것이다.

"당연히 여자지!"

매력적인 여자를 만나고, 그녀를 찬양하고, 그녀와 데이트하고, 그녀의 동반자가 되는 게 인생에서 가장 중요한 일이니 국적 불문하고 모든 여자들에게 관심이 많고 친절한 게 당연하다. 그걸 단순히 '수작을 부린다'고 생각하면 이탈리아 남자로서는 좀 서운하다. 정말이지 모든 여성은 저마다 아름답고 매력적인데, 그 아름다움에 걸맞은 미소와 찬사를 보내는 것은 너무 당연하지 않나!

이탈리아에서는 초등학교 남자아이들도 여자아이들에게 다정하고 달콤한 말을 잘한다. 길에서 울고 있는 꼬마 숙녀를 보고, 지나가던 이탈리아 남자아이가 "슬픈 아이야, 왜 길에다 보석을 떨어뜨리니?"라고 말하는 영상이 있다고 들었는데, 그것 자체는 연출일지 몰라도 충분히 있을 법한 일이다.

굳이 이유를 찾자면 낭만주의의 영향일지도 모르겠다. 어릴 때부터 학교에서 시를 많이 공부한다. 그래서 아름다운 언어로 감정을 드러내는 데 익숙하다. 감정을 숨기는 건 미덕이 아니다. 이성과 한데 어울려 자라기 때문에, 여자를 만나면 무슨 말을 해야 할지, 여자들은 어떤 말을 좋아하고 어떤 말을 싫어하는지도 크게 고민하지 않는다. 그냥 자연스럽게 알게 된다.

유럽에서도 이탈리아 남자들이 유별난 것은 사실이다. 독일이나 북유럽 남자들은 특히 질색한다. 손발이 오그라들 것 같다고 말이다. 하지만 우리는 느끼는 대로 솔직하게 표현할 뿐이다. 만일 상대 여성의 반응이 없더라도 그냥 한 번 웃으면 끝이다. 거절당했다고 창피하거나 의기소침할 것도 없다. 아름다운 여자에게 아름답다고 했을 뿐이니까.

——— 한국 남자들이 대단하다

한국에서 배운 단어 중에 문화적으로 가장 충격적이었던 게 있다. 어떤 자리에서 누군가가 "나 이틀 전에 그 사람한테 고백했는데, 아직 반응이 없어. 어떡하지?"라고 말하길래, 집에 가는 길에 사전을 찾아봤다.

'고백.'

'…'

'응? confessione? 콘페시오네했다고? 좋아하는 사람에게? 이게 무슨 말이지?'

너무 놀라 여자 친구에게 물어봤다. "내가 아는 사람이 좋아하는 사람에게 고백했다는데 그게 무슨 뜻이야?"

설명을 듣고 충격에 휩싸였다. 아니 그걸 굳이 말로 해야 하나? "나는 사실 너를 좋아하고 있었어. 우리 오늘부터 연인이 되는 게 어때?" 상상만 해도 어색해서 온몸이 굳어 버릴 것 같았다. 아마 이탈리아 남자더러 고백을 하라고 하면 한 명도 못할 거다. 그 어색한 분위기와 거절에 대한 공포를 이기고 고백에 성공하는 한국 남자들이 진심으로 대단하게 느껴진다.

한참 생각해 보다가 어렴풋이 이해했다. 한국에서는 너와 내가 이제 연인이 됐다는 일종의 공식 확인이 필요한 듯하다. 이를테면, 나폴리가 김민재를 영입하기 위해 사인이 필요했던 것처럼 말이다.

이탈리아에서는 연인이 되기 위해 마주 보고 고백을 하는 건 상상할 수 없다. 뭐든 그냥 분위기를 따라 흘러간다. 둘이 길을 걷다 우연히 키스를 했다고 치자. 집에 가서 한쪽이 문자를 보낸다. "잘 자"라고 보낼까, "잘 자♡"라고 보낼까 고민하다가, "잘 자, 나의 공주" 이렇게 보낸다. 호감의 표시를 던지는 거다. 그런데 상대방이 그냥 "잘 자" 이렇게 답을 한다. 그러면 고민된다. 다시 한 번 만나 본다. 만나서 또다시 분위기가 조성돼서 키스를 하려는데 상대방이 거절한다. 그러면 확실해지는 거다. 그 관계는 그냥 그날의 키스까지인 거다.

상대방이 '그날은 키스하고 싶었지만 더 이상은 아니야' 하며 관계에 선을 그어 줄 수도 있다. 키스를 했는데 사귀지 않는다고 이상하게 여기지 않는다. 그 후에도 굳이 불편할 일도 없다. 이와 반대로 서로 스킨십을 이어 가면서 감정을 확인하게 되면 누가 꼭 말로 공표할 것 없이 자연스럽게 연인이 된다.

고백만큼 충격적이었던 게 바로 소개팅 문화다. 고백과 달리 소개팅 문화는 이탈리아에도 하루빨리 도입이 시급하다. 아마 이탈리아 남자들이라면 하루에 두 개씩 소개팅을 잡지 않을까? 이유는 저마다 좀 다를 수 있다. 사실 이탈리아 사람들은 연애에 목적 자체가 없다. 한국에서는 남녀가 어느 정도 사귀고 나이가 차면 결혼을 해야 한다는 압박을 받는 것 같다. 한쪽이 당장 결혼할 생각이 없다는 이유로 헤어지는 커플도 본 적이 있다. 이탈리아는 동거도 법적으로 보호를 받으니 동거하는 커플도 많고, 모든 연인이 결혼을 꼭 염두에 두지는 않는다. 좋으면 계속 만나고, 싫으면 그만 헤어지는 식이다.

아무리 두 나라의 문화 차이를 이야기한다 해도 결론적으로 이성이란 영원히 미지의 존재가 아닐까 싶다. 기본적인 문화 차이는 있을지 몰라도 사람마다 다 다르고, 개별 상황이 모두 다르다. 아들 레오를 보며 가끔 저 아이가 '이탈리아 남자'로 자랄지, '한국 남자'로 자랄지 상상해 본다. 어떻게 자라도 상관없다. 파인애플 피자를 좋아한다거나(그런데 이미 잘 먹는다), 유벤투스가 아닌 다른 팀의 팬이 된다거나 하는 일만 없다면 말이다.

사실 문화의 차이가 남녀의 차이보다 크지는 않은 것 같다. 아내의 친구들이 로맨틱한 이탈리아 남자랑 결혼해서 부럽다는 얘기를 할 때마다 아내는 이렇게 대답한다.

"남자들이 다 똑같지 뭐."

여전히 삶과 죽음을 함께하는 가톨릭

"Gli italiani sono un popolo di credenti: a tutto."

"이탈리아 사람들은 믿음의 민족이다. 아무거나 다 믿는다."

Gianni Boncompagni

(잔니 본콤파니, 방송 PD 겸 작가)

─── 문화의 근간, 가톨릭

1861년에 통일된 이탈리아는 지역별로 격동을 거듭해 왔다. 그중 유일하게 변하지 않고 지금까지 내려온 지역이 바티칸이다. 바티칸은 로마 제국 때부터 이어져 온 가톨릭교회의 역할과 권력을 상징적으로 보여 준다.

이탈리아에서 이혼이 합법화된 때는 1970년. 놀랍지 않은가? 막연히 유럽은 다 개방적일 거라고 생각하는 사람이 많은데, 이탈리아는 다른 유럽 나라들과 비교하면 가치관이 변하는 속도가 느리다. 다시 말해 전통을 지키려는 힘이 상대적으로 강하다. 나의 부모님 세대만 해도 혼전 순결을 지켜야 한다는 믿음이 있었다. 아직도 성당에 열심히 다니는 사람들에게는 어느 정도 금기처럼 여겨진다. 물론 지키는 사람은 아무도 없겠지만 말이다.

가톨릭교회는 공식적으로 국가의 지원을 받는다. 한국처럼 다양한 종교를 가진 사람들이 섞여 있고, 종교인에 대한 과세 여부가 문제가 되는 나라에서 보면 놀라운 일이다. 이탈리아에서는 개인이 소득세를 낼 때 0.8퍼센트를 어디에 낼지 결정할 수 있다. 그냥 정부에 낼 수도 있고, 각종 기부 단체에 내기도 하는데, 대부분 성당을 선택한다. 그렇게 걷힌

금액은 물론 어마어마하다. 또 성당에는 세금이 면제되는 부분도 워낙 많다. 물론 최근에는 이에 반발하는 목소리도 나오고 있다.

교회의 영향력이 과거에 비해 작아졌다 해도, 가톨릭 문화는 이탈리아인의 일상 곳곳에 얽혀 있다. 큰 도시든 작은 도시든 중앙에 광장이 있고, 그 안에 성당과 첨탑이 도시를 상징한다. 그리고 여전히 한 도시에서 제일 중요한 사람은 시장과 신부님이다. 교회가 과거처럼 실질적인 힘을 갖고 있는 것은 아니지만, 어느 정도의 위상은 남아 있다. 버스를 타고

로마에 위치한 성 판크라티우스 성당.

지극히 사적인 이탈리아

가다가 묘지를 지나갈 때면 자연스럽게 성호를 긋는 사람을 볼 수 있고, 남부의 일부 지역에서는 남편이 죽으면 평생 검은 옷을 입고 지내는 부인들이 아직도 있다. 물론 젊은 사람들이 성당에 다니는 비율이 점점 줄고 관심도 떨어지고 있지만, 그래도 길에서 수녀님이나 신부님을 만나면 자연스럽게 인사하는 사람이 많다.

이탈리아 시골에 가면 길가에 카피텔로Capitello라고 하는, 예수님이나 성모 마리아를 위한 조그만 사원을 흔히 볼 수 있다. 종교적인 느낌보다 예쁜 예술품 같은 모습인데, 가끔

이탈리아 시골길을 걷다 보면 카피텔로를 쉽게 만날 수 있다.

여전히 삶과 죽음을 함께하는 가톨릭

그 앞에 서서 기도하는 어르신들도 볼 수 있다. 마을 곳곳에 사람들이 작은 규모로 만든 신당神堂이다. 한국의 서낭당 같은 개념이랄까? 글로벌 시대라고 하지만 밀라노나 로마 같은 대도시가 아니라면 지역만의 전통을 지키려는 문화가 강한 편이다. 이탈리아에서 가톨릭을 빼면 문화 자체를 말할 수 없다. 세월이 흘러 조금씩 그 의미가 약해졌어도, 곳곳에 이렇게 형식이 보존되고 있기 때문이다. 즉 이탈리아는 가톨릭이라는 기둥 위에 여러 가지 변화가 이뤄지는 나라다.

──── 교황이 있는 나라

이탈리아 국민의 91퍼센트가 그리스도교, 그중 86퍼센트가 가톨릭이라는 통계가 있다. 성당에 꼬박꼬박 다니는 독실한 신자는 36퍼센트밖에 안 된다. 대부분은 부모님의 영향으로 자신의 종교를 가톨릭이라고 생각하지만, 실질적으로 큰 의미는 없다. 정서적인 동질감을 갖고 있는 정도다.

또 가톨릭 문화 자체가 하나의 공동체를 형성하다 보니 이탈리아인라면 한평생 어떻게든 영향을 받을 수밖에 없다. 교황이 일요일마다 연설을 하고, 그 내용이 모든 뉴스에 나온

프란치스코 교황의 인간적인 언행은 존경을 불러일으킨다.

다. 교황이 이탈리아 사회에 미치는 영향력은 매우 크다. 특히 정치인들은 교황의 눈치를 볼 수밖에 없다. 신자가 많으니 교황의 말 한마디에 표가 왔다 갔다 할 수 있기 때문이다. 중장년층이 특히 그렇다. 물론 교황마다 스타일이 다르지만, 프란치스코 교황의 경우에는 인기가 엄청나다. 인기가 많으니 힘이 더 커졌다. 교황의 인기와 교회의 힘이 비례한다. 한국에도 많이 알려졌다시피, 프란치스코 교황은 교회 내부의 부패를 스스로 비판하며 몸소 청빈한 생활을 보여 준다. 약자를 위한 진심 어린 태도, 파격에 가까울 만큼 진보적이고 개방적인 언행도 인기 요소다. 성직자를 떠나 인간적으로 존경하는 사람도 많다. 원래 교황은 바티칸의 스위스 근위병과 인사하지 않는데, 프란치스코 교황이 처음으로 그들에게 "몇 시간이나 서 있느냐"고 물어보며 과자를 갖다 줬던 일이 화제가 되기도 했다. 행동 하나하나가 사람들에게 큰 울림을 준다.

가톨릭의 영향력에 비해 타 종교와 부딪히는 일이 거의 없는 상황도 교황의 역할이 크다. 이탈리아 인구 6,000만 명 중에 이슬람교도가 100만 명이 넘는다. 바로 옆 나라들인 보스니아와 알바니아 등도 이슬람 국가다. 그러나 서로 다른 문화의 차이를 잘 안다. 종교 갈등은 이미 먼 옛날에 겪었다. 프

성 프란체스코 수도원은 주변 풍경뿐만 아니라 자체 생산하는 화장품과 비누로도 유명하다.

랑스에서 테러가 일어났을 때는 피렌체 성당 신자들이 돈을 모아 모스크를 만들어 주기도 했다.

이탈리아 전역에는 역사가 깊고 아름다운 수도원이 많다. 사람들은 여행 중 수도원에서 숙박을 하기도 한다. 한국의 템플스테이와 비슷하다. 수도원은 자체적으로 수입원을 찾아야 하는 곳도 많아서 경제 활동을 하기도 한다. 성 프란체스코 수도원의 경우 비누나 꿀 등을 생산해 판매하는데 대체로 품질이 아주 좋다.

——— 성장의 골목마다 마주치는 가톨릭 문화

어릴 때는 부모님을 따라 꾸준히 성당에 다녔다. 고해성사나 성찬식, 세례가 개인에게 중요한 행사다. 그날은 하루 종일 축하와 선물을 받는다. 마치 생일 같다. 이탈리아인의 유년기에는 중요한 순간마다 성당에 간다. 꼭 종교적 성격을 띤 의례라기보다는 하나의 문화라서, 원하든 원하지 않든 다들 비슷한 의식을 치르면서 살아간다.

대부분의 학교에는 일주일에 한 시간씩 가톨릭 과목이 있다. 물론 강제는 아니고 선택할 수 있는데, 몇 명 빼고는 다들 참여한다. 신부님과 수녀님이 학교로 직접 와서 수업을 진행한다. 학교에 앉아 있지만 결국 일주일에 한 번씩 성당에 가는 거나 마찬가지다. 모든 학교의 교실마다 십자가가 있다. 놀랍게도 이건 법률로 규정돼 있다. 가톨릭이 국교는 아니지만 문화유산으로 여겨지기 때문에 보호해야 한다는 취지다. 물론 논란이 있다. 최근에 이민자가 많아지면서 더욱 문제가 되는 상황이다.

마을의 모든 성당에는 일종의 청소년 문화센터인 파트로나토Patronato가 있다. 살레시오 수도회를 창설한 요한 보스코 신부가 청소년 범죄율을 낮추기 위해 처음 파트로나토를

우리 동네에 있는 성당 내 청소년 문화센터 파트로나토. 청소년들이 건전하게 시간을
보낼 수 있는 시설이다.

생각해 냈다. 자연스럽게 여기를 다니는 아이들이 많다. 나도 마찬가지였다. 축구장, 농구장, 배구장, 탁구장, 당구장이 있고 테이블 축구나 비디오 게임을 할 수 있는 곳도 마련돼 있다. 학교가 끝나면 친구들과 몰려가 놀았다. 시설 이용은 모두 공짜고, 음료나 간식을 파는 편의점도 아주 저렴하다. 1년 내내 열려 있고 부모님 입장에서도 아이들이 여기 있으면 안심할 수 있으니 지역 사회에 아주 유익한 공간이다. 신부님과도 자연스레 가까워진다.

여름 방학 기간에는 아이들을 위한 특별 프로그램도 마련해 도시 안의 캠프도 운영한다. 휴가를 가지 못하는 아이들을 위해 교육과 레저 기능을 동시에 제공한다. 성당 여름 캠프와 겨울 캠프에 얽힌 추억이 많기 때문에 개인적으로 감사한 마음이 크다. 종교와 상관없이 그런 캠프만큼은 내 아들 레오도 꼭 보내고 싶다.

교회가 직접 운영하는 학교도 많다. 사립 학교 중에 특히 많은데, 학비가 비싸고 분위기가 엄격하며 공부도 많이 시킨다. 믿음이 굳건하고, 형편이 넉넉한 집안의 공부 잘하는 아이들이 주로 다닌다. 요즘은 인기가 시들해지고 있다.

파트로나토는 여름과 겨울에 청소년을 위한 캠프도 연다.

——— 12시간짜리 결혼식

성당은 여전히 가장 보편적인 결혼식 장소다. 최근 들어 시청에서 올리는 결혼식도 많아지는 추세지만, 여전히 성당에서 하는 사람이 더 많다. 법적 구속력은 둘 다 같다. 시청 결혼식은 다른 유럽 나라들과 마찬가지로 시장님이 나와서 약 10분간 행정적인 절차를 진행하면 끝이다. 성당에서 치르는 전통적인 결혼식은 훨씬, 아주 훨씬 더 길다.

성당에서 신랑과 신부가 만나기 전까지 신랑은 신부의 웨딩드레스를 볼 수 없다. 한국에서 결혼한 나에게는, 커플이 함께 웨딩드레스를 고르러 다니는 풍경은 충격적이었다. 다른 건 다 한국식으로 해도 그것만은 못하겠어서, 결혼식 당일까지 아내의 웨딩드레스를 보지 않았다. 이탈리아에서는 완전히 금기이기 때문이다. 결혼식 당일에는 같이 미용실에 가야 했기 때문에 어쩔 수 없이 보게 되었지만, 이탈리아 사람들은 결혼식 장소에서 처음 봐야 한다고 믿는다.

결혼식 날을 위해 신랑과 신부의 친구들은 며칠 전부터 장난을 준비한다. 신랑 집에서 성당까지 가는 길에 이정표마다 "결혼하지 마", "다시 한 번 생각해"라고 붙여 놓기도 하고, "성당 가는 길(감옥)↔다른 길(자유)"라고 표시해 놓기

　　　　　　　　지극히 사적인 이탈리아

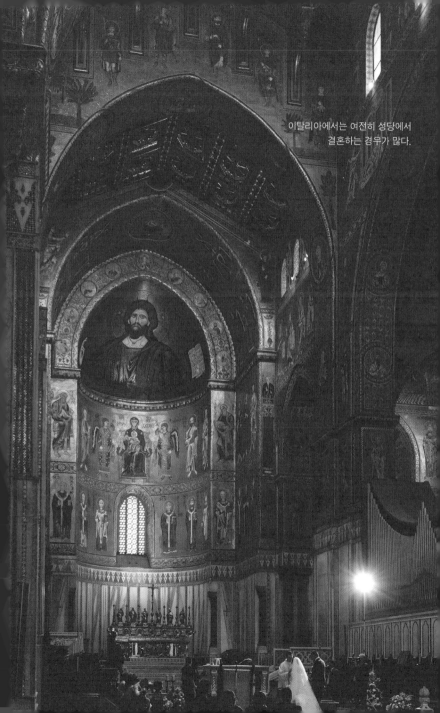

이탈리아에서는 여전히 성당에서
결혼하는 경우가 많다.

도 한다. 치밀하게 준비할 경우, 경찰로 분장해서 신랑의 차를 막는다. "죄송하지만 이 길은 공사 중이니 다른 길을 이용해 주십시오."

물론 작은 마을이기 때문에 다른 길은 없다. 장난기 넘치는 아이디어는 무궁무진하고 아이템에 한계는 없다. 신랑 신부가 첫날밤을 보낼 집에다 10분 간격의 알람 시계를 50개쯤 숨겨 놓는다든지, 침대 안에 물고기를 넣어 둔다든지….

친구들이 장난칠 수 없는 장소는 오직 성당뿐이다. 성당에서의 혼인 미사는 오전 11시부터 한 시간 정도 진행된다. 아주 엄숙하고 경건하게 치러지므로 하객으로서도 감동적인 순간이 많다. 결혼반지를 교환하는 순간이 특히 그렇다.

결혼반지를 이탈리아어로 페데Fede라고 하는데 '믿음'이라는 뜻이다. 아무 보석도 들어가지 않고, 모양도 정해져 있다. 다른 반지는 결혼반지로 인정되지 않는다. 나도 지금 페데를 끼고 있다. 한국식으로 결혼했지만, 다이아몬드 등이 박혀 있는 반지는 결혼반지로 느껴지지 않아서다.

혼인 미사가 끝나고 성당에서 나오면, 밖에서 기다리던 하객들이 커플에게 쌀을 뿌린다. 이탈리아어로 쌀을 뜻하는 '리소Riso'와 웃음을 뜻하는 '리사타Risata'의 발음이 유사해서다. 함께 살면서 많이 웃으라는 뜻이다.

지극히 사적인 이탈리아

혼인 미사가 끝나고 신랑 신부가 성당에서 나오면 하객들이 쌀을 뿌린다.

식이 끝나면 하객들은 레스토랑으로 모두 이동하고, 그때 신랑 신부는 잠시 공원 같은 데서 사진 촬영을 한다. 이제 기나긴 식사가 시작된다. 이탈리아식 결혼을 하려면 신랑이든 신부든 체력이 좋아야 한다. 낮부터 밤까지 계속 먹고, 춤추고, 노래한다. 친구들의 장난은 계속되고, 밤이 되면 밴드도 온다. 작은 공연이 시작되는 거다. 나의 사촌 형은 자정까지 이렇게 피로연을 하고는 새벽 1시쯤 다 같이 옷을 갈아입고 축구를 했다.

결혼식 분위기가 이렇다 보니 겨울에 결혼하는 사람이 없다. 하루 종일 하니까 날씨가 매우 중요하다. 결혼식 자체가 신랑 신부뿐 아니라 주변 사람들에게도 어마어마한 일이다. 그날 하루를 위해 모두가 엄청나게 공을 들이기 때문에 아주 가까운 사람들만 초대한다. 그렇지 않으면 하루 종일 그 수고를 감당할 수 없다.

신랑 신부는 결혼식에 와 준 모든 사람들에게 예쁜 기념품을 준다. 친구들도 신랑 신부에게 축의금 대신 선물을 준다. 신랑 신부가 미리 청첩장에 받고 싶은 물건을 쭉 적어 두면, 친구들은 정해진 상점에 가서 목록을 훑어보고 선물을 산다. 자기가 산 물건은 목록에서 지우고 이름을 적는다. 안 적어도 된다. 물론 비싼 걸 샀을 때는 이름을 꼭 적고 싶

지극히 사적인 이탈리아

어진다.

　이탈리아식 결혼식을 하지 못한 건 아쉽다. 한국에서 비슷하게 하기 위해 야외 결혼식을 했고, 식이 끝난 뒤 파티도 저녁때까지 했다. 그런데 한국 친구들은 중간에 다 가고, 외국인 친구들만 남았다. 20분이면 끝나는 결혼식 문화에 익숙해진 한국 친구들에게는 너무 길게 느껴졌을 것이다. 나도 한국에서 하루 동안 결혼식에 세 번이나 참석한 적이 있으니 이제는 이해한다. 한국은 전통 혼례가 참 아름다운 것 같다. 외국인 친구들 중에 한국 전통 혼례를 한 커플들이 있었는데 아주 인상적이었다. 빨리빨리 끝내기 위해 형식만 남은 예식장 '사업'이 아닌, 진짜 문화가 느껴졌다.

——— 생의 마지막 순간도 성당에서

화장火葬은 이탈리아에서는 아직 생소하다. 보통 시신을 땅에 묻는다. 죽은 날로부터 3일 이후에 묻는 것은 한국과 같다. 마을마다 성당이 있듯 묘지가 있는데, 묘지의 분위기는 밝고 아름답다. 베네치아의 산 미켈레Cimitero di San Michele의 경우, 섬 전체가 묘지이자 관광지다.

이탈리아인은 마지막 순간에도 성당과 함께한다.

　장례 당일에 당연히 성당에서 미사가 치러진다. 다른 방식
의 장례식을 상상하기 어려울 만큼, 모든 이탈리아인의 마지
막 순간에는 성당이 곁에 있다. 조문객들은 미사에 참석하고
친한 이들은 미사 후 성당에서 묘지까지 장의차를 따라간다.
보통 마을 내에 있는 가족묘에 묻히기 때문에 멀지 않은 거
리다. 모든 의식이 끝나면 근처 바에 가서 간단히 술을 한잔
하며 대화를 나눈다. 한국처럼 한곳에서 많은 사람들이 음식
을 먹는 일은 없고, 대체로 조용히 치르는 편이다. 남은 가족
들은 묘지에 자주 들러 무덤 주변을 돌보고 묘비 앞에 놓인

　　　　　　　　　　　　　지극히 사적인 이탈리아

꽃을 바꿔 준다. 묘지 전체는 사유 재산이 아니라 시청에서 관리한다.

——— 종교가 축제로

본래 종교와 관련된 기념일이지만 세계적인 축제가 된 것이 바로 베네치아 카니발이다. 부활 주일 전 40일 동안 금식을 하는 '사순절'이 시작되기 전에 약 보름간 축제가 열린다. 이탈리아어로 '카르네발레Carnevale'라고 하는데, '카르네Carne, 고기'와 '발레Vale, 가치가 있다'의 합성어다. 경건하고 엄격한 시간을 지내기 전에 미리 고기를 먹어 둔다는 의미인데, 실제로 이 기간에 특별히 먹는 음식은 튀긴 과자, 설탕 가루 등으로 칼로리가 아주 높다.

카르네발레 기간에 이탈리아를 방문한다면 꼭 보라고 권하고 싶다. 평생 그렇게 아름다운 가면을 한곳에서 볼 일이 또 있을까? 가면의 기원에 대해서는 전해 내려오는 이야기가 많은데, 신분을 표시하기 위해 썼다는 얘기도 있고, 반대로 축제 기간 동안 신분을 감추고 바람을 피우기 위해서였다는 설도 있다. 기원이 어떻든 현재의 카르네발레는 화려함

카르네발레는 본래 부활절과 관련된 카니발이다. 가면 축제 그 자체만으로도 볼 만하다.

그 자체다. 눈을 뗄 수 없는 전통 베네치아 코스튬이 펼쳐지는 거리에, 보행자뿐인데도 일방통행이 저절로 생긴다. 베네치아 중심지인 산 마르코San Marco 광장에서는 과거 베네치아공화국에서 했던 행사들을 그대로 재현한다. 이탈리아는 물론 전 세계적으로 가장 큰 축제 중 하나이기 때문에 규모나 예산도 어마어마하다. 2013년 메인 스폰서는 삼성이었다.

여름휴가를 위해
일 년을 살다

"meglio lavorare poco e fare tante vacanze, piuttosto
che lavorare molto e fare poche vacanze."

"적게 일하고 긴 휴가를 즐기는 것이,
많이 일하고 짧은 휴가를 다녀오는 것보다 낫다."

Massimo Catalano
(마시모 카탈라노, 음악가)

내가 한국에 처음 도착한 날은 2007년 5월 28일이었다. 본격적으로 적응을 시작할 무렵에 한국에서는 장마가 시작돼, 몇 주 동안 비가 그치지 않았다. 거의 우울증에 걸리기 일보 직전이었다. 이렇게 마음이 가라앉아 버린 건, 같은 시기 이탈리아가 떠올라서였다. 5월 말이면 이탈리아에서는 한창 휴가 시즌이 시작될 때다. 바다로, 산으로, 호수로 떠나고 있을 가족과 친구들을 떠올리니 눈물이 났다. 이탈리아에 있었다면 불타는 태양 아래 검게 그을린 피부를 자랑하고 있었을 텐데, 한국에서는 하염없이 내리는 빗줄기만 바라봐야 했다.

이탈리아인들은 여름휴가를 위해 일 년을 산다 해도 과언이 아니다. 새해가 되면 여름 휴가지를 결정하고 숙소를 예약한다. 인기 있는 장소를 저렴한 가격에 예약하려면 1월부터 서둘러야 한다. 휴가철의 정점을 찍는 8월에 로마나 밀라노 같은 대도시를 가면, 길거리와 상점이 텅텅 빈다. 8월에는 아예 잠시 문을 닫는 회사도 많다. 이탈리아인들은 최소한 2주간 여름휴가를 낸다. 사장님이든 신입 사원이든 할 것 없이 전부 휴가를 떠나니 눈치를 보거나, 안절부절못하며 불편할 일도 없다.

이탈리아어 '바칸체Vacanze'는 한국어 '휴가'의 의미를 넘어선다. 이탈리아를 대표하는 하나의 문화다. 휴가와 관련된 이탈리아인들의 판타지는 어린 시절부터 성인이 된 이후까지 영화, 노래, 그리고 온갖 로맨스 등으로 재생산된다. 학생들의 경우 여름 방학이 석 달 반이나 되니 그 의미가 더욱 클 수밖에 없다. 며칠 떠났다 돌아오는 휴가가 아니기 때문에 숙박의 개념부터 한국과는 다르다.

기본적으로 캠핑 문화가 매우 발달해 있다. 자동차 뒤에 장착할 수 있는 캠핑용 컨테이너인 룰로트Roulotte를 가지고 있는 사람이 많다. 한 번 구입하면 매년 여름 사용할 수 있어서 길게 보면 숙박비가 덜 드는 셈이다. 캠핑장에는 룰로트 구역이 따로 있고, 룰로트를 집에서 보관하기 힘든 경우에는 아예 캠핑장에 일 년 내내 맡겨 둘 수도 있다. 그러면 휴가철이 아닌 때도 가끔 들러서 주말을 보내거나, 친구들과 나름의 아지트로 사용한다. 한 대에 5,000만 원이 넘는 캄페르Camper 캠핑카를 소유한 집도 꽤 있다.

캠핑장이 그만큼 많기 때문에 이탈리아 전역을 캠핑으로만 여행하는 것도 어렵지 않다. 마을마다 텐트나 방갈로뿐 아니라 룰로트와 캄페르까지 수용할 수 있는 캠핑장이 있다. 장기간 캠핑 여행을 하려면 이동할 때마다 차 내부의 화장실을 청소할 수 있는 시설과 충전 시설이 구비돼야 한다. 자동차 여행을 할 때 곳곳에 주유소가 있어야 하는 것과 마찬가

지극히 사적인 이탈리아

이탈리아의 캠핑장. 룰로트나 캄페르를 보유한 집이 꽤 있다.

어린 시절에 동생들과 같이 캠핑장에서 곧잘 휴가를 보냈다.

지다.

─────── 한여름 밤의 로맨스

이탈리아어로 호텔을 '알베르고Albergo'라고 한다. 4~5성급
에는 전 세계적인 체인 형태로 운영되는 유명 호텔들이 대
부분이고, 1~3성급에는 '이탈리아식 호텔'이 많다. 주로 가
족이 운영하면서 투숙객에게 식사를 제공한다. 1층에 식당
이 있고, 2층에 주인 가족이 살며, 3~5층에 객실이 있는 형태
다. 한국의 펜션과 유사한 형태라고 볼 수도 있다. 이러한 소
규모 호텔에 묵는 경우, 아침 식사가 기본으로 제공되고, 점
심 식사와 저녁 식사는 선택할 수 있다. 세 끼 모두 제공받을
수도 있다. 호텔들이 이렇게 식사를 제공하는 이유는 이탈리
아의 '긴 휴가'와 관련이 있다. 보름에서 한 달 넘게 머무는데
매 끼니마다 밖에 나가서 사 먹어야 한다면 너무 번거로울
것이다. 아침저녁으로 호텔에서 식사를 하다 보면 다른 객실
사람들과도 자연스럽게 친해진다.

　휴가 기간이 길지 않으면 휴가와 관련된 시설이 발달하는
데 당연히 한계가 있다. 한국에서 '휴가철'이라고 하면 보통

베네치아에 위치한 어느 알베르고. 1~3성급 호텔에서는 '이탈리아식 호텔'을 경험할
수 있다.

7월 말에서 8월 초까지가 전부이니 관련 시설들이 '한철 장
사'에 몰두할 수밖에 없다. 인프라를 제대로 구축하기보다는
단기간에 수익을 내는 데만 집중하는 것이다. 이탈리아의 경
우, 5월이면 벌써 북유럽 사람들이 휴가를 즐기러 내려온다.
이탈리아인들에게는 아직 추운 날씨이지만, 그들에게는 5월
이면 충분히 따뜻한 계절이다. 그때부터 9~10월까지 모든

여름휴가를 위해 일 년을 살다

휴가 시설이 활발히 운영된다. 여름휴가 시즌이 다섯 달이 넘으니 수익을 낼 시간도 충분하고, 그에 맞춰 고용이 가능하며 좋은 시설도 갖출 수 있다.

3개월가량 휴가를 떠날 수 있는 학생들이라면 한 번쯤 휴가지에서의 로맨스를 꿈꾼다. 낯선 장소, 일상과 동떨어진 자연의 아름다움, 작열하는 태양, 짧지만 강렬한 기억, 여름이 끝나면 각자의 도시로 돌아가는 자연스러운 이별…. 이 모든 게 완벽한 휴가 로맨스를 장식한다. 이러한 조건 속에서는 단 석 달이라도 '사랑'을 완성하는 데 부족함이 없다.

─────── 돈 없이도 석 달 휴가를 즐기는 법

만 16세가 되면 더 이상 부모님과 함께 여름휴가를 보내지 않는다. 다 컸는데 부모님과 같이 다니는 건 부끄럽다. 럭셔리하게 스페인이나 영국으로 해외여행을 가는 게 아니라면 말이다. 보통 친구들 대여섯 명과 아주 멀지 않은 곳으로 따로 휴가를 간다.

내 고향 베네치아 사람들은 예솔로Jesolo라는 근교의 바닷가 마을로 휴가를 갔다. 한 시간 이내면 갈 수 있다. 클럽과

베네치아 사람들의 휴가지, 예솔로.

카페가 많고 외곽은 전부 캠핑장이다. 완전히 휴양을 위한 도시다. 5월쯤 되면 주말마다 가서 태닝을 했고, 본격적으로 여름이 시작되면 거기서 내내 여름을 보냈다.

나도 중학교 때까지는 쭉 할머니 할아버지랑 휴가를 떠나다가, 고등학생 때는 휴가 비용을 벌기 위해 아르바이트를 했다. 그러나 잠깐 번 돈으로 몇 개월을 보내려면 한계가 있다. 이렇게 형편이 넉넉지 않은 학생들은 여름 봉사 활동으로 휴가를 대신하기도 한다. 돈은 없지만 낯선 장소에서 특별한 경험을 하고 싶은 학생들에겐 좋은 기회다. 나는 전쟁의 잔혼이 남아 있는 크로아티아의 한 마을에 가서 폭탄으로 무너진 집을 재건하는 활동을 했다. 여러 나라에서 온 또래 학생들과 같이 일하면서 친해지고, 현지인들과도 어울리면서 여름을 보냈다. 일을 하는 대신 숙식은 모두 무료다.

그야말로 시골 마을에 외따로 사는 가정을 돕는 활동도 있다. 예를 들어 이탈리아 중부 움브리아Umbria, 토스카나Toscana에 있는 어느 시골 언덕에 집 한 채가 덩그러니 있는데, 그 마을에는 그 한 가족만 산다. 도시에서 벗어나 자연 속에 살기를 선택한 가족인데, 자급자족을 해야 하니 늘 일손이 부족하다. 이런 경우 이 가족이 에이전시에 신청을 하면 고등학생들이 인터뷰를 거쳐 그 집으로 봉사 활동을 가는

지극히 사적인 이탈리아

것이다. 내가 갔던 집은 옥수수 농사를 지었는데, 여름 내내 거기 머물면서 옥수수를 보관하는 통을 만들어 줬다.

한적한 시골 마을의 자연을 즐기고, 함께 간 친구들과 친해지면서 휴가를 보내는 것이다. 이탈리아에는 이런 활동을 주선해 주는 에이전시가 아주 많다. 긴 방학을 집에서 보내기는 무료한데, 돈이 부족해 마땅히 갈 곳 없는 학생들은 방학 때마다 이런 활동을 찾는다.

──── 이탈리아인의 휴가 취향

'어떤 여름휴가를 가장 좋아하나요?' 이탈리아 초등학교에서 가장 많이 나오는 작문 시험 문제 중 하나다. 매년 여름 방학이 시작되면 집집마다 산으로 바다로 호수로 떠나 몇 달씩 머물다 보니 아이들에게도 '휴가의 취향'이 생긴다. 유형은 크게 여섯 가지로 나눌 수 있다.

★ **마레** Mare, 바다

어린아이나 청소년에게는 아무래도 바다가 제일이다. 가장 열정적인 휴가를 보낼 수 있는 곳이고, 하루 종일 심심할 틈이 없는 곳이기 때문이다. 해수욕장들은 수영장과 탈의실은 기본이고, 공원, 축구장이나 탁구장 같은 스포츠 시설, 식당과 바를 갖추고 있다. 온종일 해변에서 피부를 검게 그을릴 수 있다는 것만으로도 매력적이다. 이탈리아 사람들은 하얀 피부를 그다지 선호하지 않아서 태닝을 좋아한다. 한국에 온 이후로는 태닝을 하지 않지만, 이탈리아에서는 겨울에도 인공 태닝을 하러 갈 만큼 나도 까무잡잡한 피부를 유지하고 싶어 했다. 그런데 석 달을 바닷가에서 보내면 저절로 까만 피부를 갖게 되니 어떻게 신나지 않을 수 있겠나?

마레는 하루 종일 심심할 틈이 없는 곳이다.

지극히 사적인 이탈리아

휴가지를 바다로 정하면, 연초에 목적지의 해변에 자리를 지정해서 휴가 시즌 동안 사용할 선베드를 예약한다. 몇 주에서 몇 달 동안 머물다 보니 해변에 갈 때마다 파라솔을 접고 펴기가 번거롭기 때문이다. 그렇게 자리를 잡으면, 내 주변에도 사람들이 하나둘 자리를 편다. 휴가 내내 주변 사람들이 거의 바뀌지 않으니 자연스럽게 가까워진다. '해변의 친구들'이다. 수시로 축구 대회, 비치발리볼 대회가 열려서 함께 놀다보면 추억을 공유하는 사이가 된다.

해변에는 즐길거리도 많다. 해변 캠핑장 직원들은 여름 내내 관광객들을 위한 이벤트를 마련한다. 애니메이션 상영, 연극이나 노래, 춤 공연 등 매일 밤 다양한 행사가 열린다. 직원들은 거의 전문가 수준이다. 춤이면 춤, 노래면 노래, 코미디와 성대모사까지 탁월하다. 끼 있는 친구들은 여름 아르바이트를 하기 위해 캠핑장에 다 모이는 셈이다. 실제로 이탈리아 연예인 중에는 캠핑장 직원 출신이 많다.

★ 몬타냐 Montagna, 산

어릴 적 나의 장래 희망은 산림 경찰이었다. 매년 여름을 산에서 보냈기 때문이다. 돌로미티 산맥 The Dolomites 쪽에 네뷰 Nebbiù라는 산골 마을이 우리 가족의 휴가지였다. 한겨울

아름다운 풍광을 자랑하는 돌로미티 산맥.

에는 어르신 15명 정도만 거주하는, 정말 작고 한적한 마을인데, 여름이 되면 150명쯤 모인다. 마트에 한번 가려면 내리막길을 30분 정도 내려가서 돌아올 때는 오르막길을 30분 올라와야 하는 깊은 산속이다.

여름 방학이 시작되면 할머니와 할아버지, 사촌들과 함께 으레 그곳으로 떠났다. 맞벌이를 하셨던 부모님은 주말마다

지극히 사적인 이탈리아

오셨다. 그곳은 어린아이들에게는 그야말로 천국이다. 하루 종일 계곡에서 물놀이하고, 산에 올라가고, 공터에서 축구도 했다. 쉴 틈이 없었다. 산을 오르내릴 때 필요한 막대기를 만드는 것도 큰 즐거움이었다. 뱀을 쫓기 위한 용도인데, 좋은 나뭇가지를 주워 조각칼로 예쁘게 다듬고 각자 이름도 새겨 넣는다. 독버섯을 구분해야 해서 버섯 관련 책도 많이 읽었다.

이런 장소에서 휴가를 보낼 때는 보통 아는 사람의 집에서 숙박하는 경우가 많다. 우리 가족의 경우, 이모부 회사 사장님이 그곳에 아주 큰 집을 가지고 계셨는데, 여름마다 이모부에게 싼값에 빌려주셔서 우리 삼형제, 사촌 형과 누나들, 할아버지와 할머니가 석 달이나 머물 수 있었다.

그렇게 매년 같은 장소에 가니까 '여름 친구들'이 따로 생긴다. 학교 친구들과 달리, 나이도 모두 다르고 출신 지역도 다르다. 그렇게 석 달 내내 같이 있다가 개학이 가까워오면 가슴이 찢어진다. 정이 너무 많이 들었는데 내년까지는 볼 일이 없으니 말이다. 게다가 개학의 공포도 엄습해 오니, 보통 엉엉 울며 그곳을 떠난다. 돌이켜보면 그 자체가 낭만이었다. 그곳에서만 어울릴 수 있는, 오직 여름 친구들 때문에 말이다.

★ **캄파냐** Campagna, 시골

시골에서 보내는 휴가도 있다. 예전에 JTBC 프로그램 〈내 친구의 집은 어디인가〉에서 이탈리아 시골 여행을 했다. 그때 숙박한 곳을 '아그리투리즈모 Agriturismo'라고 하는데 '농가 민박' 정도로 번역할 수 있겠다. 버려진 농장을 개조해서

토스카나 지역에 위치한 아그리투리즈모.

숙박 시설로 만든 건데, 좁고 허름한 시설을 상상하면 안 된
다. 그림처럼 펼쳐진 논밭에 수백 년 넘은 고풍스러운 집들
이 띄엄띄엄 있어서 편안하고 고즈넉한 휴식을 취하기에 최
적의 장소다.

아그리투리즈모는 본래 이탈리아 농촌 살리기 정책의 일
환이었다. 과거 농업 중심 사회가 끝나고 사람들이 도시로
이주하면서 버려진 농가들이 늘어나자, 아름다운 자연환경
을 갖추고도 주인 없이 버려진 집들을 개조해 1년 내내 숙박
시설로 운영하도록 했다. 아그리투리즈모로 인증을 받으려
면 숙소에서 제공하는 식재료의 80~90퍼센트를 해당 농가

에서 직접 재배해야 한다. 음식이 맛있을 수밖에 없다.

투숙객은 근처 벌판에서 승마도 하고, 농장에서 감자나 당근 등을 뽑기도 한다. 아이들이나 혈기 왕성한 청소년보다는 어느 정도 연세가 있으신 분들이 좋아하는 휴가 방식이라고 볼 수 있다. 빡빡한 일정 없이 휴식을 취하고, 드넓은 자연을 보며 커피를 즐기고, 천천히 산책을 하며 사색한다. 그래서 커플 단위의 여행자나 나이 지긋한 여행자들이 상대적으로 많다. 아이들이 심심해 하기 때문에 가족 단위는 많지 않은 편이다.

★ **라고** Lago, 호수

할리우드 배우 조지 클루니의 별장이 있어 유명해진 코모 Como 호수가 대표적이다. 바다보다는 상대적으로 정적인 공간이라 어린아이들에게는 별로 매력적이지 않을 수 있다. 나이 지긋한 분들이 낚시를 하는 모습을 많이 볼 수 있다. 윈드서핑, 수상 스키처럼 고급 스포츠를 즐기기 위해 모이기도 한다. 호수 근처에도 호텔, 캠핑장, 아그리투리즈모 등 숙박 형태는 다양하다.

재미있는 건, 아름다운 호수들은 엄청 많은데 몇몇 알려진 데만 사람이 많다는 것이다. 관광객으로 붐비는 유명 호수에

조지 클루니의 별장이 있는 코모 호수.

서 얼마 떨어지지 않은 곳에 똑같이 아름다운 다른 호수가 있는데도, 알려지지 않아서 휑한 경우가 많다. 이런 곳을 찾는다면 '진짜' 휴가를 즐길 수 있다.

★ **치타 다르테** Citta' D'arte, 예술 도시

미술관이나 박물관, 예술적인 건축물로 유명한 도시를 여행하는 휴가다. 주로 어머님들이 좋아하신다. 나의 엄마도 오래전부터 이 여행을 원하셔서 몇 년 전에 온 가족이 다녀왔다.

치타 다르테를 좋아하시는 엄마.

곳곳의 성당에 다 들어가 보고 건축물의 의미도 배우고 역사도 배운다. 한마디로 '공부하는' 여행이다. 하루 이틀은 재밌었는데, 사흘째부터는 점심시간만 기다리게 됐다는 것은 엄마한테 비밀이다. 당연히 아이들도 지루해 할 수 있다. 한국 초등학생들에게 경주를 한 달 동안 여행하라고 하면 어떤 반응을 보일까?

★ **보르기** Borghi, 유서 깊은 마을

이탈리아가 1861년에 비로소 한 나라로 통일이 된 탓에

각 지방이나 도시에는 과거에 독립 국가였던 유서 깊은 마을들이 아직도 많이 남아 있다. 이런 마을들을 보르기Borghi라고 한다. 로마 때부터 있던 몇몇을 제외하곤 대부분 중세 때 형성된 마을이다.

보르기의 아름다움에 빠진 사람들이 2001년 '이탈리아에서 가장 아름다운 보르기 협회'를 만들면서 몇 백 년 전의 모습이 고스란히 남아 있는 마을들이 다시 관심과 지원을 받기 시작했다. 보르기로 인정받으려면 마을 원형의 보존 정도, 건축의 조화, 주민 거주 여부, 문화유산의 가치 등의 조건을

이탈리아의 보르기 중 한 곳인 시칠리아 섬의 스페르링가.

통과해야 한다. 이를 만족시키는 이탈리아의 보르기는 2015년 기준으로 217개나 된다.

피에몬테주의 오르타 산 줄리오Orta San Giulio는 호수 중간의 작은 섬에 수도원이 있다. 볼로냐 근처의 도차Dozza에선 매년 9월, 중세 건물 벽을 벽화로 장식하는 벽화 비엔날레가 열린다. 시칠리아 섬의 스페르링가Sperlinga는 동굴 마을인데 지금도 사람이 산다. 전부 고유의 특징이나 유래가 있어 살아 있는 야외 박물관이라고 할 수 있다. 이탈리아인들에게도 아직 잘 알려지지 않은 곳이 너무 많아서《이탈리아의 가장 아름다운 보르기》,《가장 아름다운 100대 보르기》같은 책도 많이 나와 있다.

──── 겨울에도 휴가는 있다

여름휴가가 길다고 해서 다른 계절에 휴가를 못 가는 것은 아니다. 우리 부모님의 1년 일정을 보면 4월에 한 주, 여름에 두 주, 10월에 한 주 휴가를 내신다. 그리고 겨울에는 이탈리아인 대부분이 그렇듯이 크리스마스 전인 12월 23일부터 1월 6일까지 쉰다.

1월 6일이 공휴일인 것은 좀 독특하다. 동방박사가 예수님을 방문한 날인데, 유독 이탈리아에만 '빗자루 마녀' 문화가 전해져 왔다. 1월 5일 밤에 아이들은 크리스마스이브 때처럼 긴 양말을 걸어 놓고, 그 안에 견과류와 와인을 넣어 둔 다음 잠이 든다. 그러면 베파나Befana라는 할머니가 빗자루를 타고 들어와 착한 아이들의 양말에는 사탕을 넣고, 나쁜 아이들의 양말에는 석탄을 넣어 둔다.

산타클로스와 유사한데, 아이들도 미리 대접을 해 둔다는 점과 석탄을 받을지 사탕을 받을지 긴장하게 된다는 점이 다

빗자루 마녀, 베파나.

르다. 물론 산타클로스처럼 베파나 역할도 부모님 몫이다. 부모님들은 베파나가 먹은 것처럼 보이기 위해 양말 속의 견과류와 와인을 조금 먹은 다음, 양말에 석탄이나 사탕을 넣어 둔다. 앞으로 더 착하게 지내라는 의미에서 사탕과 석탄을 섞어 넣기도 한다. 진짜 석탄이 아니고 석탄 모양의 설탕이다.

'빗자루 마녀'라는 캐릭터는 과거 이탈리아에서 옥수수를 수확하고 남아 있는 줄기를 말려서 할머니 모양으로 크게 엮은 다음, 불에 태웠던 전통에서 유래한 듯하다. 광장이나 시내에서 이 '마녀'를 태움으로써 한 해의 안 좋은 일들을 날려 버린다. 여러 가지 전통이 골고루 다 섞인 문화다. 이날을 끝으로 겨울휴가가 끝난다.

겨울휴가 동안에는 북부 이탈리아로 스키를 타러 가는 사람들이 많다. '세티마나 비앙카Settimana Bianca, 화이트 위크'라고도 한다. 유명한 스키장으로는 '발레 다오스타Valle D'Aosta', 독일어를 쓰는 '트렌티노 알토 아디제Trentino Alto Adige' 등이 있다. 코르티나Cortina 지역은 특히 부자들의 스키장으로 유명하다. 고급 식당, 고급 호텔이 밀집돼 있어 유럽 전역의 부호들과 연예인들이 즐겨 찾는다. 페라리나 월드 스타를 보고 싶으면 코르티나에 한번 가 보는 것도 좋겠다. 물론 아주 비

코르티나 지역의 스키장은 부자들이 많이 찾는 것으로 유명하다. 월드 스타를 보고 싶으면 이곳으로 휴가를 가보시길.

나와 동생은 집 근처에서 베파나를 기다리며 겨울휴가를 보냈다.

싸다.

　나는 어린 시절에 스키를 타러 갈 형편은 못 돼서, 주로 집 근처에서 놀면서 베파나를 기다리는 겨울휴가를 보냈다.

알베의 은밀했던
밤 생활

"No, non sono pazzi questa gente che si diverte, che gode, che viaggia, che fotte, che combatte – non sono pazzi, tanto è vero che vorremmo farlo anche noi."

"놀고, 즐기고, 여행하고, 섹스하고, 싸우는 이들은
이상한 사람들이 아니다. 우리도 그들과 같이하고 싶어 한다."

Cesare Pavese
(체사레 파베제, 작가)

———— 콤파니아를 아시나요?

이탈리아의 '노는 문화'를 이해하려면 우선 알아야 할 개념
이 하나 있다. 바로 '콤파니아Compagnia'다. '동반자'라고 번역
하기도 하는데, 쉽게 말하면 무리를 지어 같이 노는 그룹이
다. 너덧 명 정도의 소규모가 아니다. 거의 한 학급 수준으로
20~30명쯤 된다. 비슷한 문화가 없는 나라들에선 쉽게 이해
하기 어려운데, 대부분의 이탈리아 청소년들은 자유롭게 외
출과 외박이 가능해지는 14~15세가 되면 자연스럽게 콤파
니아를 만든다. 누가 "만들자!" 해서 갑자기 만들어지는 게
아니라 저절로 형성된다.

이를테면 등굣길의 흔한 대화.

"어제 뭐했어?" "그냥 콤파니아랑 있었어."

점심시간의 흔한 대화.

"농구장 콤파니아에 엄청 예쁜 애가 있다는데, 봤어?"

모르는 친구를 설명할 때 흔한 대화.

"걔, 어디 콤파니아야?"

매일 오후 4시에 동네 농구장에 모이는 애들이 있다. 늘 그
시간에 거기에서 모여 논다. '농구장 콤파니아'다. 학교 앞에
서 모이면 '학교 앞 콤파니아'고, 맥도날드에서 만나면 '맥도

날드 콤파니아'다. 만나는 장소에 따라 주로 이름이 붙는다. 한번 콤파니아가 생기면 '소속'을 옮기는 게 그리 쉽지 않다. 그렇다고 무슨 강제성이 있는 건 아니지만, 콤파니아 안에서 둘이 사귀다 깨져서 서로 얼굴을 보기 싫은 경우가 아니라면, 대체로 학창 시절을 쭉 함께 보낸다. 핸드폰이 없어도, 약속하지 않아도, 같은 시간에 같은 장소에 늘 있는, 가장 편한 친구들이다.

내 핸드폰에는 중학교 때 생긴 콤파니아 단체 대화방이 있다. 1982~1986년생들이다. 처음 만들어졌을 때 이름은 '알레네 콤파니아Compagnia da Ale'였다. 우리가 늘 만나는 장소였던 바의 사장님 이름이 알렉산드로였는데, 줄여서 '알레'라고 불렀다. 그런데 중간에 이름이 바뀌었다. 알레네 콤파니아에서 알레 아버지랑 싸웠다. 우리가 하루도 빠짐없이 가서 매상을 올려 주는데도 너무 야박하게 굴어서다. 알레는 가끔 샌드위치도 서비스로 주고 그랬는데, 그 아버지는 서비스 한 번을 안 주고 돈을 너무 따졌다. 맥주 세 잔을 주문하고 깜빡해서 두 잔만 계산했는데, 하도 뭐라고 하길래 열 받아서 옮겨 버렸다. 콤파니아 하나가 매상을 얼마나 올려 주는데….

여하간 그래서 바로 옆에 위치한 '텀미 바'로 장소를 옮겼다. 그때부터 '텀미 콤파니아'가 됐다. 지금도 이탈리아에 가

'알레네 콤파니아' 친구들. 지금은 '텀미 콤파니아'가 됐다.

면 누구한테 따로 연락을 할 필요가 없다. 집에 가서 샤워하고 바로 텀미 바로 간다. 아무 때나 가면 된다. 누구라도 서너 명은 언제나 있다.

한국에 온 지 얼마 안 됐을 때 가장 신기했던 게 둥그렇게 모여 앉아 차례차례 자기소개를 하는 문화였다. 너무 어색해서 어쩔 줄을 몰랐다. 이탈리아에서는 모르는 사람이 콤파니아에 새로 들어와도 "응, 내 친구 ○○야." 하면 곧잘 서로 친근하게 대화를 나눈다. 아무나 먼저 가서 말을 걸면 되고 특별한 절차 없이 알아서 각자 친해진다.

─── 저녁 먹기 전에 일단 한잔

이탈리아의 저녁 시간에 독특한 게 있다. '저녁 먹기 전 시간'이 따로 있는 것이다. 이를 '아페리티보Aperitivo'라고 한다. 풀이하면, 식전주를 먹는 시간이다. 식사 전에 애피타이저를 먹듯이 저녁 식사 전 하루의 피로를 풀고 입맛을 돋우기 위해 술을 한잔 마신다. 물론 바쁜 일이 있으면 건너뛰기도 하지만 대개 일상적이다.

저녁 6시쯤 되면 친구에게 "너 오늘 아페리티보 가?"라고 묻거나, 집에 전화를 걸어 "엄마, 나 아페리티보하고 들어갈게."라고 말한다. 6시쯤 만나 술을 한잔하며 가벼운 대화를 나누다가 각자 밥 먹으러 집에 간다.

지역마다 유행하는 식전주가 있다. 식사 전부터 너무 취하면 안 되니까 주로 가벼운 술이고 테이블에 앉지 않고 서서 마신다. 매일 들르는 곳이니 사장님과의 대화도 매우 일상적이다.

"오늘 어땠어?"
"아, 오늘 너무 바빠서 피곤했어요."

평일에는 30분에서 1시간 이내로 있다가 집에 가는데, 주말에는 몇 잔 더 마시게 된다. 서너 잔 이상 마시면 좀 취한다. 그러다 보면 담배도 한 대씩 피우게 된다. 아페리티보는 술값만 내면 함께 먹을 수 있는 간단한 과자나 땅콩 등이 무료다. 먹다 보면 계속 집어먹게 돼서 은근히 칼로리가 높아진다. 한국에 온 이후로 아페리티보를 안 하니까 특별히 다이어트를 안 해도 살이 쭉 빠졌다. 담배 피울 일도 없다.

아내와 함께 이탈리아에 갔을 때 저녁 7시쯤 아페리티보를 하러 갔는데, 오랜만에 만난 친구들과 인사를 나누다 자

'스프리츠'라는 식전주 칵테일을 마시는 중.

리가 좀 길어졌다. 저녁을 거른 줄도 모르고 술과 과자만 먹으며 계속 이야기하는데 시간이 그렇게 지난 줄 몰랐다. 문득 시계를 보니 밤 10시 반. 아내의 배고픔은 극에 달해 있었다. 도대체 저녁은 언제 먹느냐는 원망스러운 그 눈빛. 그날 결국 밤 12시가 다 돼서 저녁을 먹었다.

그런데 이탈리아에서는 주말이면 흔한 풍경이다. 아페리티보를 즐기다가 대화가 길어지면 그 자리에서 한없이 뭉갠다. 저녁 먹으러 가자고 했다가 새로 누가 오면 다시 자리가 길어진다. 아니면 뭐 먹을까, 어디 갈까 정하는 사이에 술을 한 잔 더 시킨다. 그러다 자정이 된다. 이런 문화를 모르면 배고프고 답답해서 짜증나는 것도 당연하다.

——— 아페리티보 이후 콤파니아

한국인들이 이탈리아에 가서 많이 헷갈려하는 게 '술집'이라는 개념이다. 한국에서는 '바'가 그냥 술집인데, 이탈리아의 바는 하루 종일 커피와 식사를 할 수 있는 곳이다. 그리고 저녁에는 아페리티보를 팔고, 아페리티보 이후에는 몇 가지 술을 더 팔지만, 밤 12시면 문을 닫는다. 따라서 한국의 술집을 생각한 사람들은 술집이 왜 이렇게 빨리 문을 닫느냐고 투덜거린다. 바는 보통 찾기 쉬운 대로변에 있다. 대표적으로 밀라노의 나빌리Navigli라는 동네가 유명하다. 수로水路 양쪽에 바들이 줄지어 있다. 그러나 밤 12시면 다 깜깜해진다.

정말 술만 파는 데를 가려면 더 변두리, 중소 도시로 차를 타고 가야 한다. 시내에는 한국식 술집을 찾기 어렵다. 다만 대리운전은 없다. 한때 잠깐 생긴 적도 있었는데, 잘 운영되지 않아서 바로 없어졌다. 대리 기사를 불러야 할 만큼 취할 수 있는 술집은 외진 곳에 있으니까 한국처럼 대리운전이 원활하게 이뤄지기 어렵다.

게다가 기본적으로 이탈리아 사람들은 만취할 만큼 술을 마시지는 않는다. 한국에서는 자정쯤 되면 길에 누워 있는 사람들이 가끔 보이는데, 이탈리아에서는 변두리 술집 근처라 해도 그런 사람을 본 적이 없다. 술을 많이 마셔도 빨리 먹지 않고 엄청 천천히 먹기 때문에 그런 듯하다.

아페리티보 이후 콤파니아는 몇 가지 옵션에 따라 갈라진다. 조용한 펍에 가서 맥주를 더 먹고 싶을 수도 있고, 라이브 밴드가 있는 곳에 가고 싶은 사람도 있다. 라이브 음악을 들으며 술을 마실 수 있는 곳은 흔하다. 대부분의 펍이 공간만 허락하면 연주 공간을 만든다. 아마추어 밴드가 많아서

지극히 사적인 이탈리아

밀라노 나빌리에는 바들이 줄지어 있다.

그들이 여러 술집을 돌아다니며 아르바이트 삼아 연주를 한다. 나도 대학 때 4인조 밴드에 있었고 베이스 기타를 연주했다. 아마추어 밴드들은 데모를 녹음해서 술집 사장님들한테 뿌린다. 그러면 처음에는 저녁과 맥주를 주는 조건으로 가서 연주할 기회를 얻고, 점점 따라오는 팬들이 생기면 한화로 10~20만 원쯤 돈을 받고 연주한다. 큰돈은 아니지만 용돈은 된다.

일반인들이 밴드를 하는 게 그다지 특별한 일은 아니다. 지금 내 나이에도 직장에 다니면서 취미로 밴드를 하는 친구들이 많다. 나도 한국에 오지 않았으면 계속 했을 거다. 밴드를 하고 싶어도 같이할 사람도, 시간도 없다. 다들 너무 바빠서 그렇다. 한국에 살며 "가장 그리운 게 뭐냐?"는 질문을 많이 받는데, 고국의 '음식'이나 '분위기'라는 답을 기대한 분이 많겠지만, 내 대답은 "라이브 공연"이다. 서울에 온 뒤 한국 음악을 라이브로 들을 수 있는 곳을 찾았지만 인구에 비해 지나치게 적었다. 일 년에 두세 차례 일본과 한국에서 공연하는 어느 덴마크 재즈 음악가에게 "도쿄만 해도 재즈 바가 몇백 개나 되는데, 서울은 큰 도시임에도 그런 곳이 많지 않다."라는 말을 들었다. 한국에도 재즈는 물론 다양한 장르의 수준 높은 밴드가 활동하지만, 공연 기회를 얻기가 쉽지

대학 때 록 밴드 활동을 했다. 왼쪽이 나다.

나의 록 밴드 멤버.

않은 것 같다. 인디 밴드나 학생 밴드는 특히 여건이 어렵다고 들었다.

춤을 출 수 있는 클럽도 물론 있다. 음악 스타일에 따라 종류가 나뉜다. 록 클럽은 특별한 드레스코드가 없고 가격도 비싸지 않다. 맥주나 와인을 마시는 편안한 분위기다. 이에 비해 유명한 디제이가 있는 클럽은 비싸고 드레스코드가 엄격하다. 최대한 멋지게 차려입어야 하는 분위기다. 보통 입구에서 예약 리스트를 확인한다. 한화로 기본이 4만 원이고, 테이블은 10만 원부터다.

나는 여기를 그다지 좋아하지 않았다. 전문 디제이가 있으니 음악 수준은 높지만, 너무 패션쇼 같은 분위기랄까? 손님들 외모가 다 연예인급이다. 한겨울에도 태닝을 안 한 사람이 없다. 어느 날 갑자기 빼입은 사람들이 아니라 평소에도 외모 관리를 철저히 하는 사람들이 주로 간다. 콤파니아도 여기서 갈라진다. 이런 분위기를 좋아하는 무리와 부담스러워하는 무리로 나뉜다. 개인적으로는 한국 클럽이 훨씬 더 자유롭고 가볍고 재밌다.

많은 유럽 국가들이 그렇듯이 이탈리아도 마약 문제로 늘 골머리를 앓는다. 대마초의 경우 개인이 5그램 미만으로 소유하는 것은 불법이 아니지만, 매매하는 것은 불법이다. 원래는 소지 자체도 불법이었는데 복용하는 사람이 워낙 많으니 '눈 가리고 아웅' 하는 식의 법이 생겼다. 파는 것은 불법이지만 조금 가지고 있는 것은 괜찮다는 법 자체의 모순이 혼란스러운 현실을 말해 준다.

한국에서도 최근에 마약 문제가 점점 사회 문제로 비화되고 있는데, 유럽에서는 이미 오래된 이야기다. 이탈리아에도 대마초보다 위험한 성분의 약들도 많고, 밀수 조직이 마피아와 얽혀 있는 경우도 많으니 늘 이슈가 된다.

법을 정비해서 음지에서 양지로 나올 수 있도록 해야 한다는 의견도 있다. 마약 중독 자체도 문제지만, 불법 거래가 만연할 경우 마약 구매에 드는 돈을 마련하기 위해 범죄를 일으키는 악순환이 반복되기 때문이다. 북유럽의 몇몇 국가들은 실험적으로 정부가 마약 센터를 운영하면서 복용자들을 관리하는 시스템을 시도하고 있다. 아주 저렴한 가격에 마약을 제공하되 건강 상태를 체크해서 중독을 점차 완화하도록 관리하는 것이다.

그렇다고 잠시 유럽에 머무는 여행자들에게까지 이런 문제가 영향을 미치지는 않을 것이다. 위험이란 '어디에나' 어느 정도 있는 것이다. 이를 염두에 둔다면 이탈리아가 특별히 위험한 곳이라고 보기는 어렵다. 여성 여행자들도 얼마든지 이탈리아의 밤을 즐길 수 있다. 혼자보다는 둘이, 둘보다는 셋이 '상대적으로' 안전한 것도 마찬가지다. 다만 대도시 기차역은 한밤중에 노숙자가 많아서 좀 무서운 기분이 들 수

베네치아의 뒷골목. 조금 음습하지만 여성 여행자들도 몇 가지 원칙만 지킨다면 이탈리아의 밤을 충분히 즐길 수 있다.

내가 가장 추천하는 이탈리아 밤거리는 바로 이곳, 베네치아 리알토 다리 인근이다.

도 있다. 드물지만 마약이 거래되기도 한다. 제 시간에 가서 기차를 타야 하는 상황이라면 모를까, 괜히 기차역 근처에 오래 머물 필요는 없다는 뜻이다. 또 지나치게 저렴한 바도 피하는 것이 좋다. 물론 낮에는 전혀 상관없다.

특별히 추천하고 싶은 밤거리는 베네치아의 리알토Rialto 다리 옆에 있는 에르바리아Campo dell' Erbaria라는 곳이다. 과거 야채 시장이 있었던 장소인데 지금은 술집들이 쫙 늘어서 있다. 그런데 안에 들어가서 마시는 술집이 아니라 전부 테이크아웃이다. 서서 마시거나 거리에 자유롭게 앉아서 마시는 모습, 기타 치며 노래하는 자유로운 풍경이 인상적인 추억을 줄 것이다.

─── 밤샘 후 새벽

밤새 왁자지껄 술을 즐기고 나오는 새벽, 딱 배고픈 때다. 이때 두 가지 선택지가 있다. 클럽 밖에는 샌드위치 푸드 트럭이 와 있다. 한국의 포장마차처럼 딱 그 시간만 장사를 하고 사라진다. 간밤에 쏟아 낸 에너지를 보충할 수 있도록 칼로리 높은 샌드위치를 만들어 준다. 다른 하나는 아예 아침 식사를 하러 가는 것이다. 빵집들이 빵을 굽기 시작할 즈음이다. 그러나 아직 판매는 하지 않을 시각, 새벽 5시. 빵집 뒷문을 똑똑 두드린다.

"죄송한데, 코르네토 10개만 주실 수 있을까요?"

방금 구운 따끈한 코르네토를 받아 들면 너무 행복하다. 이게 이탈리아식 해장이다. 물론 한국의 해장과 개념이 다르다. 만취하지 않으니 속이 안 좋은 상태는 아니고, 그냥 허기를 달래는 의미다. 한국에 와서 소주를 처음 마셔 보면서 진짜 '해장'이 필요한 느낌이 무엇인지 이제는 안다. 지금은 소주보다는 막걸리를 더 좋아한다. 종류가 많고 지역마다 특색이 있다는 점에서 이탈리아 술과 비슷한 면이 있는 것 같다.

이탈리아와 한국의 술 문화에 가장 큰 차이가 있다면 마시는 '목적'이 아닐까 한다. 이탈리아 사람들이 술을 마시는 가장 큰 이유는 음식을 더 맛있게 먹기 위해서다. 음식에 어울리는 술을 고르는 것이 그래서 중요하다. 식전주도 마찬가지다. 배고프게 만들어 저녁 식사를 더 맛있게 먹기 위한 용도다. 술 자체가 음식의 한 종류처럼 여겨진다고 봐도 되겠다.

한국에서는 어느 정도 취하기 위해 마시는 이유도 있는 듯하다. 두 종류 이상의 술을 섞어 마시는 폭탄주만 해도 그렇다. 나도 술을 못 마시는 편은 아닌데, 처음 한국에 왔을 때

꽤 힘들었다. 삼겹살에 소주는 잘 어울렸지만, 주변 사람들이 마시는 속도를 따라가야 하는 게 가장 힘들었다. 이탈리아에서도 잔이 비어 있으면 따라 주지만, 바로 마시라고 따라 주는 게 아니라 배려 차원이다. 술 권하는 문화는 아예 없다. 맥주 500밀리리터를 시켜 놓고 한 모금 마시고 몇 시간을 있어도 아무도 뭐라고 하지 않는다.

또 한국은 한자리에서 술의 종류를 통일해서 마시는 경우가 많은데, 이탈리아에서는 한자리에서 취향에 따라 대여섯 가지 술이 나올 수 있다. 이를테면 한 술집에서 위스키, 맥주, 막걸리, 소주를 같이 마시는 일이 흔하다.

한국 사람들이 이탈리아의 레스토랑에서 낯설게 여길 수 있는 부분이 하나 있다. 맨 마지막 순서로 '디제스티보Digestivo'가 나오는 것이다. 직역하면 '소화제 술' 정도다. 지역마다 다르지만 주로 40도 이상의 독한 술이다. 진짜 소화를 돕는지는 잘 모르겠지만 보편적인 문화다. 딱 한 잔만 마신다.

———— 집술 또는 혼술

집에는 늘 와인이 있다. 앞서도 말했듯이 술보다는 음식 개

집에 있는 와인 탱크(왼쪽)와 와인을 담아 다닐 수 있는 큰 병(오른쪽). 아빠는 정기적으로 와이너리에 가서 와인을 받아 오셨다.

넘이다. 늘 준비돼 있어야 하니까 병 단위로 사지 않고 집집마다 20리터 또는 50리터짜리 와인 탱크를 몇 개씩 둔다. 한 달에 한 번, 또는 분기에 한 번씩 아빠가 차에 탱크를 싣고 와이너리에 간다. 술 받아 오는 날이다. 매일 마시는 레드 와인 50리터, 화이트 와인 20리터, 또 다른 와인 20리터, 총 90리터쯤 탱크에 싣고 돌아온다. 마치 '와인 주유소' 같다. 종류마다 다르지만 일반 가정에서 먹는 테이블 와인이라면 1리터에 1,000~4,000원쯤 한다. 당연히 집집마다 단골 와이너리가 있다.

돈 없는 학생들이 와이너리를 이용하기도 한다. 피자 먹으러 가기 전에 물병을 하나 챙겨 들고 가서, "사장님, 죄송한데 한 병만 따라 주시면 안 될까요?" 한다. 원래 그렇게 팔지 않지만, 사장님과 친분이 있으면 그냥 주기도 한다. 돈 없을 때 그렇게 싸게 사서 길에서 마셨다. 돌아보면 재밌는 추억이다. 한 연구 결과에 따르면, 프랑스 남부나 이탈리아에 사는 사람들은 심장마비 비율이 낮은데, 이들이 식사 때 빼놓지 않는 '레드 와인+채소'가 심장마비를 예방해 주는 효과가 있어서라고 한다. 믿거나 말거나.

마피아의 세계

---

*"La mafia è un fenomeno umano e come tutti
i fenomeni umani ha un principio, una sua
evoluzione e avrà quindi anche una fine."*

"마피아는 인간사의 현상이다.
모든 인간사의 현상에는 발단과 전개가 있고,
마찬가지로 결말이 있다."

Giovanni Falcone
(조반니 팔코네, 시칠리아 검사)

한국에서 가장 많은 질문을 받은 주제 중 하나는 마피아다. 내가 이탈리아 남부로 휴가를 다녀오겠다고 하면 눈을 동그랗게 뜨고 이렇게 묻는 사람들이 있다.

"마피아 안 무서워요?"

물론 마피아는 무섭다. 진짜 맞닥뜨린다면 말이다. 하지만 나 같은 평범한 사람들이 시칠리아나 나폴리에 간들 마피아를 실제로 만날 일은 거의 없다. 이탈리아에서 불법적인 일을 하려고 시도하지 않는 한 여행자가 마피아와 마주칠 일은 없다. 한국에서 평범한 일상을 보낼 때 조직폭력배와 마주칠 일이 없는 것처럼 말이다. 한국에도 조직폭력배는 있지만, 한국은 세계에서 가장 안전한 나라 중 하나이지 않은가? 이탈리아도 마찬가지다. '조직화된 범죄 조직'의 대명사로 전 세계에 악명을 떨치는 마피아의 본산지가 이탈리아이긴 해도, 일상에서는 마주칠 일이 없는 존재다.

한국에서 마피아에 대한 질문을 받을 때 당혹스러운 것 중 하나는 마피아의 영향력에 관해서다. 마피아가 이탈리아 정재계를 모두 휘어잡은 흑막으로, 이탈리아는 마피아 카르텔이 지배한다는 이미지다. 그래서 이탈리아가 정치·사회적으로 매우 후진적이라는 이미지를 가진 사람들도 있다. 이탈리아가 그래도 G7에 속한 나라인데 이런 이야기를 들으면 상당히 당황스럽다. 그렇지만 마피아에 대한 이야기를 주저리주저리 떠들면서 "오해입니다!"라고 하기는 쉽지 않다. '오해'라고만 얘기하면 마피아를 옹호하는 거냐는 의심을 받을 수 있고, 마피아와 이탈리아 사회를 설명하기엔 할 얘기가 너무 많다.

——— 시칠리아에서 탄생한 마피아

마피아는 이탈리아 역사와 떼려야 뗄 수 없는 존재다. 마피아의 발생과 성장 과정을 보면 역사의 아이러니를 볼 수 있다. 마피아는 이탈리아 탄생과 성장의 부산물이기도 하다.

마피아는 잘 알려진 것처럼 시칠리아에서 발생했다. 이탈리아는 로마 제국 멸망 이후로 여러 제국의 침입을 받았는데, 시칠리아 역시 예외가 아니었다. 1000년 넘는 시간 동안 프랑스, 이슬람 세력, 노르만, 독일, 스페인 등 수많은 외세의 침입을 받아 왔다. 그렇지만 '장화 앞의 축구공'인 시칠리아는 봉건적인 지배 체제가 강했던 곳이기도 했다. 중앙의 행정력이 미치기 어려운 섬이었기 때문이다.

시칠리아를 지배하는 세력이 누구든 간에 로마 멸망 이후 19세기까지는 봉건 지배 체제 자체에 큰 변화가 없었다. 지주와 소작농 간의 관계 말이다. 지주가 누구로 바뀌건 소작농은 지주에게 세금을 내면 됐다. 그러다가 산업 혁명이 발생하고 도시가 발전하면서 시칠리아에도 변화가 찾아왔다. 지주들이 시골인 시칠리아를 떠나 도시로 이주하기 시작한 것이다. 그래서 지주 대신 땅을 관리할 사람이 필요해졌다. 그래서 이탈리아판 마름, 가벨로티gabellotti가 등장했다.

부재지주不在地主를 대신해 땅을 관리해 주는 사람. 여기서 이미 다음에 어떤 일이 벌어질지 눈치챌 수 있다. 가벨로티는 소작농에게 지주 대신 세금을 걷었다. 그러고는 자기가 먹고살 돈도 뜯어냈다. 소작농은 반발했다. 시칠리아에는 이런 갈등을 조절할 행정 기관이 없었다. 가벨로티는 경비원을 고용해서 무력을 사용했다. 이제 시칠리아는 실질적으로 가벨로티가 지배하게 됐다.

가벨로티는 시칠리아의 대가족 전통을 차용해 조직을 운영했다. 조직원들을 가족처럼 대했고 자신은 아버지 같은 존재가 됐다. 룰도 가족 관계와 같았다. '가족은 배신하지 않는다.' '가족은 서로의 뒤를 봐준다.'

시칠리아 사람들도 가벨로티에게 복종하면 해코지를 당하지 않았다. 그러다가 무슨 일이 생기면 보스에게 가서 간청했다. "제가 그동안 얼마나 충성을 바쳤는지 아시죠? 쟤 때문

마피아의 기원, 가벨로티.

에 사업이 망할 것 같습니다." 그러면 보스는 영화 〈대부〉에 나오는 것처럼 혀를 한 번 차췄다. 다음 날 경쟁자의 사업장은 쑥대밭이 됐다.

마피아는 봉건제가 사라지고 중앙 집권 국가가 생기기 전의 행정 공백 상황에서 만들어진 조직적인 범죄 집단이다. 이들은 시칠리아의 경찰이자 행정부이자 사법부였다.

─────── 마피아의 힘을 키워 준 정부

이탈리아가 통일된 직후 정부는 시칠리아에도 정부 관료를 파견했다. 새롭게 탄생한 이탈리아의 법과 체계를 도입하려고 했다. 하지만 이탈리아는 시칠리아를 너무 몰랐다. 일단 정부 관료와 시칠리아 사람들 사이에 말이 통하지 않았다. 게다가 시칠리아는 문맹률도 높았고, 근대 국가의 사법, 행정 체계를 받아들일 준비가 전혀 되어 있지 않았다. 그래서 정부는 쉬운 길을 택하기로 했다. 마피아와 손을 잡은 것이다. 마피아는 이제 지주가 아니라 정부 대신 일을 하게 됐다.

그렇다고 해서 정부가 마피아를 신뢰했던 건 아니었다. 마피아에게 힘을 실어 준 건 임시방편이었다. 호시탐탐 마피아

1890년대의 시칠리아 코르소 움베르토 거리.

를 소탕할 기회를 노렸지만 결국 실패했다. 대표적인 사건이 1890년대 시칠리아 농부들의 파업 사건이었다. 당시 농부들은 파시오fascio라는 노동조합을 결성해 파업에 돌입했는데, 여전히 농부들과 소통이 어려웠던 정부는 마피아에게 해결을 맡겨 버렸다. 마피아는 정부에게는 농부들을 해산시키겠다고 하고, 농부들에게는 정부에 입장을 전달하겠다는 식으로 박쥐처럼 행동하며 자기들의 영향력을 더 강화했다. 정부와 농부들이 마피아를 의지하면서 힘은 더욱 커졌다. 명실상부한 폭력 집단이 된 것도 이때다. 영화에서 보는 마피아의 이미지는 이때부터 만들어졌다.

정부는 힘이 커진 마피아를 견제하기 위해 시칠리아로 검사를 보내 마피아들을 법정에 세우려고 했지만, 이미 마피아가 지배하고 있던 시칠리아에서는 누구도 그들에 대해 증언하려 하지 않았다. 마피아 특유의 "말하지 않겠다는 약속", '오메르타omerta'의 원칙을 누구나 알고 있었다. 증언하면 보복당할 게 뻔한데 누가 입을 열 수 있었을까? 당시 시칠리아의 검사는 이런 말을 했다고 한다.

"이 사람들은 저녁에는 범죄를 고발하고, 다음 날 아침에는 무죄를 선고한다."

결국 정부의 마피아 청산은 실패했다. 무서울 게 없는 마피아는 이제 이탈리아 남부까지 진출했다. 이탈리아 남부에는 두 개의 정부가 있는 것과 마찬가지였다.

——— 마피아를 잡은 무솔리니,
마피아를 부활시킨 연합군

마피아가 세력 확장을 멈춘 때는 아이러니하게도 파시스트 정권 때였다. 무솔리니가 시칠리아에 갔을 때 이런 일이 있었다고 한다. 무솔리니가 경호원을 대동하고 시칠리아의 한 도시를 방문했는데, 그곳 시장이 무솔리니를 보고 이렇게 말했다.

"저랑 같이 있으면 경호원은 필요 없습니다."

독재자가 될 준비를 하고 있던 무솔리니 입장에서는 황당한 말이었다. 시칠리아에선 그 무엇보다도 마피아가 가장 힘이 세다는 의미였으니, 독재자 입장에서는 용납할 수 없었던 것이다. 그래서 무솔리니는 독재자다운 방법으로 마피아를 소탕했다. 1990년대 한국의 '범죄와의 전쟁'식으로 말이다. 법이고 뭐고 마피아랑 연관이 있다는 혐의만 있으면 때려잡았던 것이다. 그 덕분에 제2차 세계 대전이 끝날 때까지 마피아 세력은 조용히 지낼 수밖에 없었다.

1937년 시칠리아 팔레르모를 방문한 베니토 무솔리니. 아이러니하게도 그의 무자비함 때문에 마피아 세력은 힘을 쓰지 못했다.

1943년 7월 28일, 영국의 버나드 몽고메리 장군(좌)이 시칠리아 팔레르모 인근에서 미국의
조지 패튼(우) 장군과 인사하고 있다. 연합군은 마피아를 통해 시칠리아를 안정시키는 실책
을 저질렀다.

그러다 전쟁이 끝나가면서 마피아는 부활한다. 다른 누구도 아닌 연합군 때문이었다. 제2차 세계 대전이 끝나갈 무렵 연합군은 이탈리아 본토를 침공하기 앞서 시칠리아 상륙 작전을 펼쳤다. 큰 저항 없이 시칠리아를 점령한 연합군은 점령지 연합국 군정부Allied Military Government Occupied Territory, AMGOT를 세웠다. 그러고는 현지인들 중에 파시스트 정권과 적대적인 인물들을 내세워 점령지를 안정시키려고 했다. 그렇게 해서 선택된 이들이 아이러니하게도 파시스트 정권으로부터 '탄압'받은 마피아들이었던 것이다.

'반파시스트'로 복귀한 마피아들은 전쟁 후에 다시 날개를 달았다. 성매매, 마약 같은 불법 사업은 물론, 정부 이권 사업, 부동산까지 진출했고, 정치권에 돈을 뿌리면서 이탈리아를 좀먹기 시작했다.

──── 안티마피아 풀의 영웅들

마피아의 세력 확장은 정부 입장에서는 당연히 막아야 할 일이었다. 이제는 제대로 된 행정부가 들어섰고 사람들도 이탈리아어를 하기 시작했다. 마피아가 필요 없는 존재가 된 것이다. 마피아가 장악한 지하 경제도 큰 문제였다. 썩은 살을 도려낼 시기가 왔고 시칠리아의 팔레르모에 본부가 세워졌다.

팔레르모 검찰 수사관들은 안티마피아 풀The Antimafia Pool이라는 그룹을 만들어 마피아들을 소탕하려고 했다. 1986~1992년까지 팔레르모에서는 마피아들을 잡아들인 초대형 재판이 열렸는데, 460여 명을 체포하여 총 2665년의 징역을 받게 만들었다.

이 사건은 20세기 후반 이탈리아에서 가장 중요한 사건일 것이다. 그리고 마피아의 실체를 잘 몰랐던 이탈리아인들에게도 큰 경각심을 준 사건이기도 했다. 이탈리아 마피아들은 영화나 미디어를 통해 꽤 미화돼 왔다. 제작자들이 의도한 바는 아니었을지 몰라도 마피아를 세련되고 위엄 있는 모습으로 그린다. 보스를 만나면 무릎을 꿇고 정중히 '손등에 키스를 한다Baciamo le mani'거나, 국회의원한테 쓰는 "오노레볼레Onorevole, 각하"나 왕족한테 쓰는 "수아 시뇨리아Sua Signoria, 전하" 같은 극존칭으로 보스에게 예의를 표하는 것들 말이다. 실제로 마피아들끼리 이런 식으로 부른다고 해도 그들은 결국 테러 집단의 범죄자들이다.

안티마피아 풀에는 지금도 추앙받는 두 명의 영웅이 있다. 당시 검사였던 파올로 보르셀리노Paolo Emanuele Borsellino,

마피아 소탕의 영웅, 조반니 팔코네(왼쪽)와 파올로 보르셀리노(오른쪽).

1940~1992와 조반니 팔코네Giovanni Falcone. 1939~1992다. 마피
아 검거에 앞장섰던 이들은 1992년에 마피아의 테러로 목숨
을 잃었다. 이탈리아 국민들은 정부의 검사를 테러로 살해하
는 마피아를 보고 충격에 빠졌다. 낭만적인 마피아의 이미지
는 이제 이탈리아에는 없다.

지금의 마피아는 여전히 위세를 떨치고 있다. 지역에 유착하여 정부를 대신했던 초기의 마피아는 사라졌지만, 대신 기업화되고 정교한 조직이 됐다. 마약 유통, 매춘, 도박이나 위조지폐 같은 중대 범죄는 물론 고리대금업과 같은 경제 범죄, 경기를 타지 않는 지역 쓰레기 사업을 독점하는 등 범죄와 합법 사이에서 줄타기를 하고 있다. 이렇게 성장한 마피아는 2023년 기준으로 이탈리아 GDP의 2퍼센트, 400억 유로에 달하는 지하 경제를 점유하고 있다.

여전히 마피아는 이탈리아의 어두운 부분이다. 그러나 일상생활에까지는 영향을 미치지 않는다. 앞서 언급한 마피아의 영역들은 평범한 생활인이라면 마주치기 어렵다. 이탈리아 역사의 부산물인 마피아의 뿌리는 깊다. 하지만 이제 완전한 뒷골목 범죄 조직이 되어 지하로 숨어 버린 이상 우리들이 현실에서 존재감을 느끼기는 어렵다.

정리하자면, 이탈리아 마피아는 이제 어느 나라에나 있는 범죄 조직으로 보면 된다. 국가를 대상으로 테러가 있었지만 그로 인해 그들은 더 이상 양지에 설 수 없게 됐다. 이탈리아 남부를 여행할 때, 중절모를 쓰고 톰슨 기관 단총을 든 사람들과 마주칠까 봐 걱정할 필요는 없다는 말이다. 그러니 여행할 때 안심하고 이탈리아를 즐기시길.

학생이 왜
경쟁을 하죠?

---

*"L'educazione è la nemica della saggezza, perché
l'educazione rende necessarie tante cose, di cui, per
esser saggi, si dovrebbe fare a meno."*

"교육은 지혜의 적이다.
현자가 되기 위해서 교육에서 중시하는 것을 포기해야 한다."

Luigi Pirandello
(루이지 피란델로, 작가)

─── 3년 개근은 뉴스감

아내와 연애하던 때 서로 학창 시절 얘기를 하다 깜짝 놀란 적이 있다. 아내가 고등학교 3년 동안 단 한 번도 결석한 적이 없었다는 것이다. 물론 아내는 그 말에 놀라는 나의 반응에 더 놀랐을지도 모르겠다. 한국의 고등학교에서는 3년간 개근하는 게 아주 특별한 일은 아니라는데, 이탈리아에 그런 학생이 있다면 아마 뉴스에 나올 것이다.

고등학교 4학년 때의 나를 돌이켜 본다. 이탈리아의 고등학교는 5년제인데, 4학년으로 올라가는 만 18세가 되면 사실상 성인 대접을 받는다. 그야말로 인생의 황금기, 꿈같던 시절이다. 5월쯤 되면, 미치도록 화창한 날씨가 등굣길에 발길을 붙잡는다. 재빨리 머릿속에 오늘의 시간표를 떠올린다. 하필 1교시에 제일 싫어하는 수업이 있다. 때마침 중요한 시험은 없는 날이고, 때마침 선생님과의 면담도 없으며, 때마침 나는 이팔청춘인 데다, 때마침 날씨가 아주아주 좋다! 오늘 하루 신나게 놀지 않을 수 없다. 다음 날 개인 수첩에 결석 사유를 적는다.

2004년 5월 10일 결석.

사유: 개인 사정.

공부하기 싫은 날에는 결석계를 내고 친구랑 놀러 나가도 된다. 책임은 내가 진다.

그러고는 내가 사인을 한다. 3학년 때까지는 부모님 사인이 필요하지만 4학년부터는 모든 일에 스스로 책임을 지는 성인이기 때문이다. 한국의 고등학교 체계에서는 상상하기 힘든 이런 일이 가능한 것은 바로 '유급' 제도 때문이다. 이탈리아의 의무 교육 과정 전체초등학교 5년+중학교 3년+고등학교 5년에는 모두 유급 제도가 있다. 학교에서 이뤄지는 모든 평가에서 일정 점수를 충족하지 못하면 다음 학년에 올라가지 못한다.

한국에서는 아주 특별한 상황이 아니라면 한 학년을 더 다니는 경우가 거의 없지만, 이탈리아의 학교들은 아주 많은 부분을 학생 자율에 맡기되, 스스로 결과에 책임을 지지 못하면 상위 학년에 진급할 수 없다. 그러니까 결석 일수가 좀 있어도, 평소에 성적과 태도 등을 잘 관리하면 문제가 되지 않는다. 물론 결석이 자유롭다고 해서 맨날 결석하면 성적이 좋을 수가 없고, 성적이 일정 기준 이하가 되면 유급이니, 학생들 대부분은 자신의 점수를 스스로 관리하면서 학교에 다닌다. 나의 경우 고등학교 4~5학년 때 결석이 아마 30일쯤 됐던 것 같다. 당구 실력이 그때 제일 좋았다.

이렇게 학교생활이 학생 자율에 맡겨지다 보니, 보기에 따라 다소 과격한 학교생활을 영위하는 학생도 많다. 고등학생들이 쉬는 시간에 삼삼오오 모여 대마초를 피우는 모습은 한국 고등학생들이 상상하기 힘든 풍경일 것이다. 심지어 내가 다닌 학교는 상대적으로 성적이 아주 우수한 학생들이 모인 학교였는데도 말이다.

——— 경쟁할 필요가 없는 이유

과거로 돌아가 초등학교부터 다시 학교를 다니라고 한다면, 나는 당장 돌아갈 것이다. 앞날에 고민이 없던 시절, 돈 벌지 않아도 됐던 시절, 뛰어놀며 운동하고 웃고 떠들고 친구들과 몰려다니던 그때가 그리워질 때가 많다. 아내에게 이런 이야기를 하면 잘 이해하지 못한다. 아내에게 학창 시절이란 좋은 기억만큼 힘든 기억도 많아서 다시 돌아가고 싶을 정도까지는 아니라고 한다. 아내에게는 무엇보다 대입수학능력시험을 치르고 나서 집에 와 펑펑 울었던 기억이 크다고 한다.

이탈리아는 초·중·고등학교 모두 오전 8시에 수업을 시작해 오후 12~1시면 끝난다. 다만 초·중학교의 경우 학교별로 일주일에 2회 정도 오후 4시까지 수업을 하기도 한다. 주로 맞벌이 가정의 자녀들을 위해 음악이나 독서 등 가벼운 수업

지극히 사적인 이탈리아

을 진행한다. 학생들은 고등학교에 진학할 때 어느 정도 진로를 선택하게 되는데, 배우는 내용에 따라 학교의 종류가 크게 세 가지로 나뉜다.

우선 3년 과정의 직업 고등학교가 있다. 학업보다는 실제 직무와 직접적으로 관련 있는 일들을 현장에서 배운다. 공부에 큰 흥미가 없던 내 동생은 직업 고등학교 가운데 농업 고등학교를 다녔는데, 실제로 밭에 나가 실습했다. 럭비를 오래 해서 엄청난 근육질에다 여기저기 피어싱을 했는데, 길에서 꽃만 보면 걸음을 멈추고 사진부터 찍는 남자다. 모르는

꽃을 사랑하는 남자, 내 동생 스테파노.

꽃 이름이 없다.

두 번째, 5년제 기술 고등학교는 직업 학교지만 이론 교육 중심이다. 화학, 디자인, 회계, 관광 등의 분야로 나뉜다.

마지막으로 한국의 인문계 고등학교에 해당하는 리체오Liceo가 있다. 대학 진학을 목표로 하는 학생들이 모이는 곳으로 인문학 리체오, 외국어 리체오, IT 리체오, 그리고 내가 졸업한 과학 리체오가 있다. 모두 5년제이며 학사 과정이 어렵다. 고등학교에 들어가기 위한 시험이 따로 있는 것은 아니므로 입학은 누구나 할 수 있다. 앞서 말했듯이 유급이 있을 뿐이다. 따라서 1년쯤 다니다가 아무래도 졸업이 어려울 것 같아 다른 학교로 전학 가는 경우도 종종 있다.

나라에서 정해 주는 교과서는 없다. 교사가 수업 내용에 맞게 여러 교과서를 골라서 쓴다. 역사 시간 같은 경우에는 수업을 듣다 보면 선생님이 좌파인지 우파인지 알 수 있다. 그렇다고 학생들이 선생님 의견에 무조건 영향을 받는 건 아니다. 선생님이 바뀔 때마다 여러 의견을 듣게 되고 또 작문 시험을 위해선 여러 종류의 신문을 늘 챙겨 봐야 하기 때문이다.

지극히 사적인 이탈리아

─────── 열여덟 살 알베의 하루

이렇게 학교별로 성격이 전혀 다르므로 각자 자기 진로에 맞춰 공부한다. 특별히 순위를 다투며 경쟁할 필요는 없다. 같은 학교 내에서도 성적이 등수로 표기되지 않으니 자기 성적만 알 뿐이고, 누가 몇 점이고 내 점수가 전체에서 어느 정도인지도 전혀 모른다. 최종적인 목표를 향해 달려간다기보다 하루하루 그날의 숙제를 하고, 다음 날 수업을 준비하면서 다음 학년으로 진학하는 것이 이탈리아 학생들이 할 일이다.

물론 숙제나 시험이 만만치 않을 때도 많다. 특히 이탈리아는 초등학교 때부터 '구술시험'을 자주 치른다. 어떤 주제에 대해 알고 있는 지식과 자기의 의견을 말로 표현하는 건데, 이 구술시험은 특별히 정해진 날이 아니더라도 갑자기 진행될 때가 있다. 선생님이 시키면 바로 일어나서 대답해야 해서 학생들을 늘 긴장시킨다. 벼락치기로 될 일이 아니라서 평소에 어느 정도 준비가 돼야 한다.

보통 수업이 끝나면 학생들은 저마다 자유롭게 시간을 보내는 편이다. 나의 경우 집에 와서 점심 먹고 30분 정도 〈심슨 가족 The Simpsons〉을 보거나 비디오 게임을 했다. 그러다가 3시쯤 되면 축구를 하기 위해 친구들과 모였다. 두어 시간

학교가 파하면 꼭 시청했던 〈심슨 가족〉.

정도 축구를 하고 돌아오면 저녁때가 되고, 그때부터 숙제를 하거나 다음 날 수업을 준비했다.

한국의 학원 같은 시설은 찾기 힘들다. 영어 학원이 간혹 있기는 한데, 내가 자란 마을의 경우 4만 명 인구에 영어 학원이 딱 하나였다. 초등학교부터 고등학교까지 13년간 거기 다니는 친구는 딱 한 명 봤다. 부모님 두 분이 모두 선생님이 었고, 친구들과 어울리기를 그다지 좋아하지 않던 여학생으로 기억한다. 이탈리아에서는 공부 잘하는 학생보다는 잘 놀고 운동도 잘하는 학생들이 인기가 많다. 동네마다 스포츠

지극히 사적인 이탈리아

클럽이 운영되고 있어 학생들 대부분이 축구, 농구, 럭비, 배구, 수영 팀 하나쯤에는 소속돼 있다. 이런 스포츠 클럽은 해당 지역에서 운영하기 때문에 아주 저렴한 가격에 누구나 가입해 활동할 수 있다.

나는 '아이비리그'라는 말을 한국에 와서 처음 들어봤다. 세계 최고 명문이라는 하버드 대학교도 한국에 와서 알았다. 그만큼 유럽 학생들에게는 '좋은 대학'이라는 개념이 희박하다. 학교별로 인기 있는 학과는 있지만, '명문대'라는 단어는 없다. 어릴 때부터 유일하게 알고 있던 미국 대학이 예일 대학교인데, 집에 'Yale University'라고 쓰인 맨투맨 티셔츠가 있었기 때문이다. 어디서 난 옷인지는 모르겠다.

어른이 되어 사회생활을 시작하면서 앞날에 대한 이런저런 고민이 많을 때마다 아무 걱정 없던 학창 시절이 매우 그립다. 아, 그때도 걱정이 있긴 있었지. '챔피언십 매니저게임 '풋볼 매니저'의 전신'에서 어떤 전술을 써야 하나….

─────── 학생들이 파업을 한다고?

이탈리아 고등학생들이 '어른 대우'를 받는다는 점을 잘 보여 주는 사례가 바로 학생 파업이다. 고등학교에 올라가면 학생들이 파업을 하기 시작한다. 사회적으로 큰 이슈가 생기거나 교육 정책에 불만이 있을 때, 학생회를 중심으로 선배들이 파업의 명분과 날짜를 쓴 전단지를 나눠 주며 파업을 이끈다. 이에 동의하는 학생들은 해당 날짜에 수업을 거부하며, 이는 일반적인 결석과는 다르게 처리된다.

2001년부터 2006년까지 레티치아 모라티Letizia Moratti 교육부 장관이 공교육의 독점적 권한 폐지를 주장하며 학교를 기업처럼 운영하라는 내용의 교육 개혁을 시도했는데 사회적으로 반발이 아주 거셌다. 그녀는 이탈리아의 유명 축구 클럽였던 인테르 밀란의 구단주 마시모 모라티의 여동생으로 장관 임명 때부터 잡음이 많았던 데다, 공교육으로 대표되는 지식과 문화를 상품화하려 한다는 비판을 받았다. 그때 학생 파업이 크게 벌어졌다. 우리는 '모레티이탈리아 맥주 이름는 추가하고, 모라티장관는 빼자Piu' Moretti, Meno Moratti!'는 내용의 벽보를 학교 여기저기에 붙였다. 2003년 이탈리아가 이라크 전쟁에 참전하기로 결정했을 때도 파업을 했다. 학교 선생님들은 평소 사회 문제에 관심을 가지라고 가르치며 파업을 독려하기도 한다.

학교 내부의 문제로 파업하는 경우도 있다. 한번은 학교에

2001년부터 2006년까지 이탈리아 교육부 장관이었던 레티치아 모라티.

모라티 교육부 장관에게 항의하기 위해 학생들이 길거리로 쏟아져 나왔다.

고등학교 1학년 당시 모습. 가운데 줄 오른쪽에서 두 번째가 나다.

강의실이 부족해서 우리 학급이 임시로 예술 수업 강의실을 사용하게 됐는데, 학생 수에 비해 공간이 지나치게 넓고 책상도 필요 이상으로 커서 불편했다. 하지만 학교 측이 약속한 기한이 넘어갔고, 결국 우리 반만 파업을 해서 일반 강의실을 되찾았다.

이처럼 학교 운영상 납득할 수 없는 부분이 있을 때 학생들은 수업 파업뿐 아니라 학교 자체를 점거하기도 한다. 학교 전체를 점거해서 교장과 교사들의 출입을 막고, 며칠간 밖으로 나가지 않으며 심지어 경찰과도 대치한다. 이때 수업 결손을 막기 위해 선배들이 후배들에게 직접 철학, 역사, 디자인 등의 과목을 강의하기도 한다. 수업을 들을 사람들은 듣고, 한편에서는 기타를 치고 노래하고, 한쪽에서는 현 상황에 대해 열렬한 토론을 벌인다. 물론 한쪽 구석에 모여 담배를 피우거나 이성에게 '작업'을 걸기도 하지만 말이다. 유급 기준이 엄격하고 좋은 학교의 학생들일수록 오히려 더 적극적으로 학교 운영에 참여하는 경향이 있다.

─── 이탈리아의 '수능'

이탈리아에도 전국 고교생이 일제히 치르는 '수능'이 있다. 이탈리아 학기는 9월에 시작해 이듬해 6월에 끝나므로 수능은 6월 중순에서 7월 초반 사이에 치러진다. 이탈리아 수능은 대학 입학시험이 아니라 고등학교 졸업 시험이다. 이탈리아어로 '에사메 디 마투리타Esame di Maturità'라고 부르는데, 직역하면 '성숙함을 측정하는 시험'이다. 고교 생활 5년 동안의 평균 성적과 수능 점수를 합쳐 졸업 여부가 결정된다. 기준 점수에 미달하면 한 학년을 다시 다녀야 한다.

전체 고교 졸업생 중 절반 정도가 대학에 진학하는데, 보통 어렵지 않게 원하는 대학에 갈 수 있다. 그러나 인기가 많은 전공에 학생이 몰리면서 일부 학과에 제한이 생기기 시작했다. 예를 들어 13세기에 세워진 유서 깊은 파도바 대학교 법학과에는 매년 2,000여 명의 학생들이 지원한다. 이런 경우는 별도의 입학시험이 치러진다. 입학시험 점수가 동일할 경우 수능 점수로 우위를 정한다. 그러나 몇몇 인기 학과를 제외하고는 대부분 자기 수준을 고려해 학교를 결정한다. 입학을 하더라도 졸업하기가 너무 어려워서 잘못하면 서른 살까지 대학에 다녀야 할 수도 있기 때문이다.

지극히 사적인 이탈리아

파도바 대학교 법학과는 매년 2,000명이 넘는 학생들이 지원한다. 이런 곳은 별도의 입학시험이 필수다.

고등학교 마지막 학년인 5학년이 시작되는 9월부터 수능에 대한 걱정이 닥쳐온다. 학생들은 2~3월부터 갑자기 신문을 챙겨 읽고, TV 시사 프로그램과 뉴스를 보며 '공부 모드'에 들어간다. 하지만 벼락치기로 될 일은 아니다. 이탈리아 수능은 사흘에 걸쳐 세 종류의 필기시험과 면접시험으로 이뤄진다.

필기시험은 종류에 따라 무려 여섯 시간 동안 작문을 해야 하기 때문에 평소 책과 신문을 많이 읽고, 역사 지식을 쌓아둬야 하며, 글솜씨를 길러야 한다. 시험의 특성상 요행을 바랄 수도 없어서 오히려 수능 전날에는 여유롭다. 나도 수능 전날, 초등학교 동창들과 여름밤 정취를 즐기며 늦게까지 수다를 떨었다.

면접시험에서는 수험생이 미리 제출한 논문을 한 시간 정도 발표하고 나면 면접관들이 이에 관해 질문을 던진다. 면접관은 보통 해당 학교의 내부 교사 4명과 외부 교사 2명으로 구성된다. 나는 조지 오웰의 소설《1984》를 중심으로 논문을 썼다. 20세기 영국 문단을 소개하고 영어 실력을 보여주기 위해 소설의 한 대목을 영어로 읽고 분석했다. 또 작품에 드러난 사생활 침해 및 정부의 감시와 통제를 화두로 삼아 러시아 공산주의, 이탈리아 파시즘, 독일 나치와 냉전 역

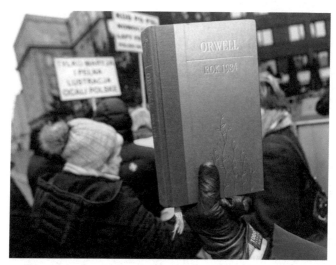
나는 조지 오웰의《1984》를 소재로 면접시험 제출 논문을 썼다.

사까지 언급했다. 여기에 철학자 칼 포퍼와 헤겔의 말도 인용했다. 이렇게 한 이유는, 분야를 넘나들며 모든 과목을 종합적으로 연결하는 논문이 가장 좋은 평가를 받기 때문이다. 어떻게 보면 단기적인 실력보다 사고 습관의 문제다. 어릴 때부터 이런 식으로 공부하고 정리하는 습관이 중요할 수밖에 없다.

독특한 점이라면 면접시험 때 수험생의 가족이나 친지가 참관할 수 있다는 것이다. 학생들은 대체로 차분히 혼자 시

험 치르는 것을 선호하지만, 나는 친구와 사촌 누나가 시험
장에 와서 응원해 줘서 심리적으로 도움이 됐다.

─── 밥상머리 교육

사교육 개념이 없고 초등학교부터 대학교까지 돈이 거의 들
지 않으니, 일반적인 가정의 경우 부모가 자녀 교육에 크게
신경 쓰지는 않는다. 우리 집만 해도 아빠는 고등학교도 못
마치셨고, 엄마는 간호사여서 늘 바쁘셨기 때문에, 따로 자
식들의 학업을 도와주실 상황은 아니었다. 다른 부모님들처
럼 그냥 다 학교에 맡기고, 건강하고 사고 안 치면 그만이라
고 생각하시는 분들이다.

구체적인 교육관이야 가족마다 다르겠지만, 내 부모님은
세 아들들의 학교 성적을 단 한 번도 비교하신 적이 없다. 공
부를 잘했던 입장에서는 좀 서운한 일이었다. 아무리 좋은
성적을 받아도 칭찬 한 번 해 주시지 않고, 성적이 좋지 않았
던 동생들을 혼내신 적도 없으니 말이다. 동생들에게 아주
가끔 잔소리하신 경우라야 유급을 조심하라는 정도였다.

다만 본인의 행동에 책임지는 것을 아주아주 중요하게 생

위부터 시계 방향으로 중국 유학 시절의 나,
꽃을 사랑하는 남자 스테파노, 셋째 리키.

각하셨다. 이탈리아에서 열다섯 살쯤 되면 친구들과 휴가를 가기도 하고 놀다가 밤늦게 들어오기도 하는데, 단 한 번도 빨리 들어오라거나 언제 들어올 거냐며 전화하신 적이 없다. 나가기 전에, 누구랑 어디에 가서, '몇 시에 들어올 건지'만 미리 말하면 그 이후엔 조금도 간섭하지 않으셨다.

그런데 열일곱 살 때 딱 한 번, 주말에 새벽 3시에 들어오 겠다고 말씀드리고 놀러 나갔는데 집에 돌아온 시간이 정확 히 3시 30분이었다. 딱 30분 늦은 거다. 밤늦게 귀가할 때 부 모님은 보통 주무시고 계신데, 그때는 엄마가 날 기다리고 계셨다. 태어나서 엄마가 그렇게 화내는 모습은 처음 봤다. 왜 약속을 지키지 않았냐고 불같이 화를 내시며 거의 일주일 간 내게 말을 걸지 않으셨다. 늦게 들어온 게 문제가 아니라 약속을 안 지켰기 때문이었다. 한 번 실망시키면 어떻게 다 시 믿고 외출할 자유를 줄 수 있겠냐고 엄하게 말씀하셨다. 아빠도 비슷한 말씀을 자주 하셨다. "부모와의 약속을 안 지 키면 다리를 잘라버리겠다!" 한국식으로 바꾸면, "다리몽둥 이를 분질러 버리겠다!" 정도 되겠다.

살면서 큰 교훈이 되는 사건이 또 하나 있었다. 둘째 동생 인 스테파노가 공부와는 담을 쌓고 한때 친구들과 마약에 빠 진 적이 있었다. 그때도 부모님은 무조건 말리기보다는 건강

'한때' 사고뭉치였던 동생 스테파노, 그리고 아빠와 나.

이 중요하다며 스테파노와 자주 대화를 하려고 하셨다.

그런데 어느 날, 갑자기 집에 경찰이 들이닥쳤다. 집에 마약이 있다는 신고가 들어왔으니 수색 좀 하겠다면서. 그리고 진짜로 스테파노의 방에서 마약이 나왔다.

내 머릿속은 하얘졌다. 동네 사람들이 다 지켜보고 있었다. 동네 이웃들과 맨날 밖에 모여서 저녁 먹고 가족처럼 지내는데, 이 창피를 당했으니 '앞으로 부모님이 어떻게 얼굴을 들고 다니실까?', '성당도 열심히 다니는 분들인데, 스테파노, 넌 진짜 죽었다.'라고 생각했다.

그런데 그날 밤까지 부모님 두 분 다 전혀 화를 안 내시고 아무 말씀도 없으셨다. 그러더니 다음 날 아빠가 우리 삼형제를 한자리에 불러 모으셨다. 그러고는 스테파노에게 다음과 같이 말씀하셨다.

"스테파노, 너의 인생은 너의 것이니 원하는 대로 살아라. 하지만 네 행동을 내가 책임지긴 싫다. 이 집에서 나랑 같이 살 거면 내 규칙을 따르고, 그러기 싫으면 내일부터 자동차 명의를 네 이름으로 바꿔서 보험료를 직접 내고, 휴대폰도 네 명의로 바꿔서 요금을 직접 내라. 지금부터 2주 안에 살 집을 찾아서 나가라."

동생은 그 자리에서 우리 집 규칙대로 살겠다고 말하고 잘

못을 빌었다. 그때 부모님을 보고 엄청 많이 배웠다. 너 때문에 동네 창피하다거나 당장 마약 끊으라는 말 한마디 없이, 자식이 큰 책임감을 갖도록 한 것이다. 공부를 많이 하신 분들도 아니고, 특별히 교양을 쌓은 분들도 아닌데, 정말 멋있었다. 물론 스테파노가 아주 눈물이 쏙 빠지게 혼나는 걸 기대했던 나는 좀 실망했다.

축구와 F1의 나라

"Il calcio è la cosa più importante delle cose meno importanti."

"중요하지 않은 것들 중에서 축구가 가장 중요하다."

Arrigo Sacchi
(아리고 사키, 전 이탈리아 축구 대표 팀 감독)

─── 오, 나의 유벤투스

유럽에서 이탈리아 사람을 구별하려면 핑크색 신문을 들고 있는 사람을 찾으면 된다는 말이 있다. 이탈리아 판매 부수 1위인 〈가제타 델로 스포르트La Gazzetta dello Sport〉라는 스포츠 신문이다. 한국에 있는 나는 종이 신문을 살 수 없는 대신, 아침에 일어나 물 한잔 마시고 나서 핸드폰으로 'Gazzetta…' 부터 검색하면서 하루를 시작한다.

  스포츠 중에서도 축구에 대한 이탈리아 사람들의 열정은 엄청나다. 축구 팬이 인구의 절반인 3,000만 명이다. 남녀노소를 가리지 않는다. 일요일이면 틈날 때마다 하루 종일 축구 경기를 중계해 주는 라디오 프로그램을 습관적으로 듣는다. 이 프로그램의 역사는 무려 60년이다. 최근에는 유료 TV 채널이 많이 생겨서 자기가 응원하는 팀 경기를 중계해 주는 채널만 구매하는 사람도 많다. 축구 중계 채널을 아예 사서 틀어 주는 술집도 많다.

  이탈리아에서 축구란, 쉽게 비유하자면, '종교'다. 나는 유벤투스 팬인데, 우리 할아버지와 아버지 모두 유벤투스 팬이다. 어느 날 갑자기 팬이 된 게 아니라 그분들도 나도 태어나자마자 유벤투스 팬이 된 거다. '모태 유벤투스'다. 한번 정

AS로마를 꺾고 2019/20 시즌 이탈리아 세리에A 우승을 차지한 유벤투스. 이런 날을 맞이하면 며칠 동안 기분이 좋다.

해지면 바꿀 수도 없으니 '종교'라고밖에 설명하기 어렵다. 학창 시절 내 방에는 유벤투스 선수들 포스터가 늘 가득했다. 팀의 역사, 회장, 감독, 선수들과 관련된 이슈를 줄줄 꿰는 건 기본이다. 소속감은 물론, 거의 정체성이라고도 할 수 있다.

그런데 놀라운 건, 내 동생 둘은 AC밀란 팬이라는 거다. 이게 다 베이비시터 때문이다. 우리를 10년 넘게 돌봐 줬던 베이비시터의 남자 친구가 AC밀란 팬이었는데, 주말마다 우리를 데리고 나가 비싸고 맛있는 걸 사 줬다. 난 첫째니까 흔들리지 않았지만, 동생 둘은 너무 어려서인지 그만 전도(!)되고 말았다.

——— 이탈리아 축구장의 함성을 들어 보세요

이탈리아의 일요일, 자기가 '믿는' 팀의 유니폼을 입고 깃발을 든 팬들이 경기장으로 모여든다. 2만~3만 명을 수용하는 곳부터 밀라노나 토리노 경기장처럼 6만~8만 명까지 수용하는 경기장도 있다. 팬들 사이의 관계는 꽤 복잡하고 미묘하다. 서로 적대적인 도시 또는 팀도 있고 친구 같은 팀도 있

인테르 밀란의 울트라스.

다. 정치적인 성향과 연결되기도 한다. 영어로 훌리건hooligan 이라고 하는, 경기장 안팎에서 과격하게 난동을 부리는 집단을 이탈리아에서는 울트라스Ultras라고 한다.

별로 경쟁적이지 않은 팀끼리 만나면 충돌이 없다. 예컨대 AC밀란 울트라스와 브레시아 울트라스는 마주치면 서로 인사하고 응원도 한다. 고속도로 휴게소에서 같이 술도 한잔할 수 있다. 그러나 만일 유벤투스 울트라스가 인테르 밀란 울트라스를 만난다면? 나는 유벤투스 울트라스는 아니지만 상상만 해도 심장 박동이 빨라진다. 항상 그런 것은 아니지만 자칫 분위기가 과격해지면 사고가 일어날 수도 있다. 물론 이건 이탈리아만의 문제는 아니다. 그러나 위험할 정도로 과격한 사람들이 아주 많은 건 아니다. 어디든 여행자 입장에서 지나치게 걱정할 필요는 없다.

축구 팬이든 아니든 인생에 한 번쯤은, 기회가 된다면 이탈리아의 축구 경기장에 꼭 가보기를 진심으로 바란다. 스포츠를 떠나 정말 아름다운 경험이다. 예를 들어, 나폴리의 홈 경기장인 스타디오 디에고 아르만도 마라도나Stadio Diego Armando Maradona는 약 5만 5,000명을 수용하는데 상대 팀에게는 겨우 3,500여 명 분의 티켓만 준다. 홈 어드밴티지가 어마어마하다. 휘황찬란한 불빛들이 경기장을 가로지르는 라

예술 작품 같은 나폴리의 응원 현수막.

이트 쇼가 시작되고, 관중석에 대형 현수막이 펼쳐진다. 팬클럽들이 준비한 플래카드의 규모나 작품성도 어마어마하다.

경기장이 흥분과 열기로 달아오르고 드디어 선수들이 한 명 한 명 입장한다. 선수들에게는 모두 애칭이 있다. 2022년 나폴리로 이적했던 김민재 선수는 애칭이 '몬스터'였다. 장내 아나운서가 "한국에서 온 몬스터! IL MOSTRO SUDCOREANO!"를 호명하면, 관중들이 한목소리로 "킴! 킴! 킴!"을 외친다. 5만 명의 함성이 전율이 되어 온몸을 휘감는

       지극히 사적인 이탈리아

다. 축구 신의 사도를 맞이하는 신도들의 아드레날린이 도시 전체를 뒤흔든다.

──── 나폴리의 신전에 입성한 김민재

나폴리는 축구에 미친 도시다. 나폴리 사람들에게 축구는 인생에서 가장 중요한 행복이자 예술이다. 전 이탈리아 대표

팀 감독이었던 아리고 사키는 "축구는 인생에서 중요하지 않은 것들 가운데 가장 중요한 것이다."라고 했는데, 나폴리 사람들은 그렇지 않은 것 같다. 그들에게 유일신은 마라도나였다. 나폴리는 2022년까지 스쿠데토Scudetto를 2회 차지했다. 스쿠데토는 '작은 방패'라는 의미인데, 리그 챔피언이 다음 시즌 가슴에 붙이는 작은 방패 모양 패치다. 그리고 나폴리는 오로지 마라도나가 있을 때만 2회의 우승을 경험했다. 하지만 이것만으로도 마라도나는 나폴리의 신神이 되기에 충분했다. 나폴리에 가면 곳곳에 마라도나를 위한 사원이 있

나폴리에 있는 마라도나 사원. 나폴리 사람들은 그가 선수로 뛰던 시절을 여전히 기억한다.

지극히 사적인 이탈리아

다. 그중 단연 가장 크고 위대한 사원은 단연 나폴리의 홈 경
기장인 '스타디오 디에고 아르만도 마라도나'다. 마라도나를
위해 나폴리가 세운 판테온이다.

2022/23 시즌에 나폴리는 33년 만에 세 번째 스쿠데토를
차지했다. 김민재 선수는 팀의 핵심 수비수로 우승에 기여했
고, 이적 첫 시즌에 세리에A 최우수 수비수로 뽑혔다. 나폴리
의 신도들은 다시 광란에 빠졌다.

나폴리의 우승은 나도 믿기지 않는 사건이었다. 나폴리는

2023년 5월 7일 나폴리의 이탈리아 리그 우승을 확정 짓던 날, 나폴리 팬 앞에서 포
효하는 김민재.

강팀이긴 했지만 우승과는 거리가 조금 있는 팀이었다. 이런 팀에 유럽 생활 2년 차인 한국인 수비수가 가서 우승을 이끈다는 시나리오는 영화로 써도 욕먹을 이야기다. 그런데 그런 일이 실제로 일어났다. 유벤투스가 추락한 건 아쉽지만, 스포츠에 새로운 드라마가 쓰이는 것은 언제나 환영이다. 적어도 인테르가 우승하지 못했으니 진심으로 축하해 줄 수 있었다.

김민재 선수는 나폴리에 우승을 안기고 독일로 떠났다. 대한민국 대표 팀의 새로운 주장이 될 이 선수는 나폴리의 전설이 될 수 있을까? 나는 이미 전설이 됐다고 생각한다. 팬들이 무덤에 들어갈 때까지 기억될 선수가 '전설'의 기준이라면 확실하다고 말할 수 있다. 나폴리에는 마라도나가 우승을 이끌었을 때의 스쿼드를 줄줄 꿰는 사람들이 차고 넘친다. 당시의 경기를 복기하며 영광의 시절을 소환하는 팬들이 경기장을 채우는 도시다. 마라도나를 가져 봤던 나폴리 팬들은 눈이 머리 꼭대기에 있다. 어지간한 선수는 눈에 차지 않는다.

이런 팬들이 이미 나폴리 거리에 우승 기념벽화를 그렸고, 프레세페Presepe로 유명한 산 그레고리오San Gregorio에는 김민재 인형을 만들어 놨다. 프레세페란 크리스마스 때 예수 탄생을 예술품으로 재현하는 일종의 디오라마diorama다. 각종 소품은 물론 인물 인형 형태의 조형품들도 등장한다. 나

프레세페 공방에 등장한 김민재. 딱 1년을 뛰었지만 팀을 우승으로 이끌고 나폴리의
전설이 됐다.

폴리의 산 그레고리오는 이탈리아에서도 이름난 프레세페
공방이 모여 있는 곳이다. 그러니까 이미 나폴리 팬들은 김
민재를 포함해서 무덤까지 가져갈 세 번째 팀의 스쿼드를 머
릿속에 새겼을 것이라는 이야기다.

김민재는 나폴리 사람들에게 가장 완벽한 수비수로 영원
히 기억에 남을 것이다. 김민재는 평생 나폴리에 가면 밥값
을 안 내도 될 것이다. 어쩌면 나폴리 피자에 파인애플을 올
려도 한 번은 봐 줄지도 모르겠다. 물론 그가 그런 무례를 범

할 일은 없겠지만.

축구 팬들의 열정은 경기가 잠시 중단되는 프리시즌 Preparazione에도 그치지 않는다. 이탈리아 팀의 경우, 6월부터 8월 말까지 다음 시즌을 준비하기 위해 알프스 쪽에서 훈련한다. 그러면 팀을 맞는 마을들은 환영 현수막을 쭉 걸어 놓는다. 2023년에 나폴리의 프리시즌 훈련지인 디마로로 휴가를 갔는데, 알프스가 아니라 나폴리 사람들이 마을 주민인 것 같았다. 팬들은 자기가 응원하는 팀의 훈련 장소를 훤히 꿰고 있다. 그래서 그곳을 휴가지로 정한다. 훈련하는 선수들을 가까이서 볼 수 있는 기회다. 보통 한 팀이 공개 훈련을 할 때면 2,000명 정도가 관중석에서 구경한다. 운이 좋으면 사인도 받고 사진도 찍을 수 있으니 팬들에게는 놓칠 수 없는 기회다.

개인적으로 김민재가 나폴리를 한 시즌 만에 떠난 건 아쉽다. 하지만 다행이라는 생각도 든다. 유벤투스가 나폴리를 상대하기가 조금이라도 편해졌기 때문이다. 김민재 이후로 이탈리아에 오는 한국 선수가 유벤투스와 함께 우승컵을 든다면 나도 나폴리 팬 이상으로 미칠 것 같다.

Juve, storia di un grande amore!

(유베, 위대한 사랑의 여정!)

방송에서도 몇 번 말한 적이 있는데 대학 때 축구 선수로 뛰었다. 축구 선수였다고 이야기하면 어릴 때부터 훈련만 했을 거라고 생각하는데 그렇지 않다. 다섯 살 때부터 축구 클럽에 다니기 시작했지만 반드시 선수가 돼야겠다고 생각하지는 않았고, '알다시피' 공부를 더 잘했다! 이탈리아는 프로 선수를 길러 내는 과정이 엘리트 체육보다는 생활 체육 중심이다. 공부와 운동 중 하나를 선택하는 것이 아니라 방과 후 일주일에 두세 번 연습을 하고, 그러다 재능을 보이거나 실력이 늘면 자연스럽게 운동을 계속하게 된다. 나 또한 그렇게 스물한 살 때까지 축구를 하게 됐다. 물론 남자아이들이라면 한 번쯤 운동선수에 대한 로망을 품는다. 그렇지만 그것만 바라보고 일찍부터 진로를 결정해 훈련만 하지는 않는다.

보통 학교 끝나고 2시간 반씩 훈련했다. 꼭 축구가 아니더라도 웬만한 학생들은 자기 지역의 스포츠 클럽 하나씩에는 소속돼 있다. 그래서 학교 수업에서 체육 시간은 일주일에 한두 시간밖에 없다. 스포츠 교육은 학교가 아니라 각 지역의 클럽에서 담당하는 셈이다. 클럽에서 두각을 나타내면 더

청소년 시절 축구를 할 때 모습이다. 뒷줄 오른쪽에서 두 번째 선수가 나다.

아빠는 나의 최고의 팬이었다. 이 사진은 선수 시절에 아빠들과 선수들이 친선 경기를 마치고 찍은 것이다.

큰 단위의 클럽으로 옮겨 간다. 지역 대회에서 주 대회, 주 대회에서 전국 대회로 나아간다. 축구뿐 아니라 야구, 농구, 배구, 수영 등도 마찬가지다.

내가 축구 선수 생활을 시작한 팀은 미라네제Miranese였다. 가장 상위 리그인 세리에A부터 세리에B, 세리에C1·C2까지가 프로 리그이고 D부터는 세미프로다. 그 아래로도 한참 더 작은 리그들이 쭉 있다. 끝도 없이 치열한 리그다. 미라네제는 D를 기준으로 두 단계 아래, F라고 보면 된다. A리그 선수들은 연봉 10억이 넘는 경우도 많지만, 아래로 갈수록 점점 낮아져 D에서는 2,000만 원 선이다. 그러니 세미프로 이하에서는 직업으로 선수 생활을 하기는 어렵다. 직장이나 학교에 다니면서 선수도 같이 한다.

아주 특별한 경우가 아니고서야 프로 선수가 되려면 12세 정도에는 보통 큰 팀에 이미 소속돼 있어야 한다. 나는 그때 스무 살이 넘었으니 프로로 뛸 가능성이 희박했고, 다른 일도 하고 싶어서 그만뒀다. 마지막 팀은 세리에D의 마르텔라고Martellago였다. 어릴 때부터 나를 경기장에 데려다 주시고 데리러 오시던 아빠가 내 유일한 팬이었다.

——— 축구의 추억으로 가득한 유년

스포츠 활동은 협동심을 길러 주는 아주 중요한 교육이다. 일찍부터 하나의 '사회'를 경험하는 일이기도 하다. 지역 클럽에서 잘 뛰면 주말에 멀리까지 경기를 치르러 가는데, 버스를 대절해서 두세 시간씩 팀끼리 함께 간다. 학교 친구들과는 또 다른, 클럽 친구들만의 문화가 생긴다. 이겨도 함께 이기고, 져도 함께 지면서 감정을 공유한다. 승부욕과 인내심도 더불어 배운다.

클럽 감독님은 스승이면서 아빠 같은 존재다. 몸과 마음이 힘들 때 늘 옆에 계시는 분이니 어린 선수들이 정신적으로 많이 의지한다. 내 삶에도 멘토 같은 감독님이 계시는데 지금까지도 계속 연락하며 지낸다. 이탈리아에서 피체리아를 운영하셔서 갈 때마다 꼭 들른다. 내 어린 시절을 모두 기억하시는 소중한 분이다.

10년 넘게 축구를 했으니 나도 잠시나마 감독을 해 볼 기회가 있었다. 열아홉 살 때 1년 반쯤 5~6세 아이들을 가르쳤다. 태어나 처음 축구를 해 보는 꼬마들이었다. 누굴 가르치는 일은 곧 내가 배우는 일이라는 것을 그때 알았다. 꼬마들은 한시도, 정말 한시도 가만히 있지 않는다. 여러 명이 동시

지극히 사적인 이탈리아

에 떠들고 뛰어다니니 무슨 말을 해도 한 번에 듣지를 않는다. 처음에는 "얘들아! 여기 좀 봐! 여기!" 하고 소리를 쳤는데, 그럴수록 자기들이 더 크게 떠든다. 아이들 시선에 맞춰 쭈그리고 앉아서 말을 걸었더니 그제야 좀 관심을 가졌다. 소리를 높이는 것보다 작게 말하니까 오히려 무슨 말인지 궁금해서 집중하기 시작했다.

이탈리아 사람들, 특히 남자라면 스포츠를 빼고 어린 시절을 이야기하기 어려울 것이다. 삼형제인 우리 집에서 둘째 동생은 럭비 선수였고, 막내는 배구를 했다. 축구에는 못 미치지만 이탈리아에서 럭비와 배구, 농구의 인기도 비슷비슷하다. 한국에서는 TV에서 가장 많이 중계해 주는 스포츠가 야구인데, 유럽에서는 중계방송 자체를 찾기 어려울 만큼 인기가 없다.

여담이지만 한국에 와서 귀에 못이 박히도록 많이 들은 질문이 있다. 바로 2002 한일 월드컵에서 이탈리아가 한국에 패배했을 때, 한국 사람들을 엄청 미워하고 욕하고 싫어했다는데 사실이냐는 것이다.

결론부터 말하면 '전혀' 그렇지 않았다. 한국에 패배한 것은 물론 유쾌한 일은 아니었지만, 정정당당히 치른 경기에서 이긴 상대편을 욕할 이유가 있을까? 언론에서 괜히 과열을

한국에 패배했다고 한국을 미워하는 감정이 있는 것은 아니다.

조장하지 않았나 싶다. 다만 이탈리아 사람들이 지금도 기억하는 것은 그 경기의 심판이었던 비론 모레노Byron Moreno다. 석연치 않은 판정이 객관적으로 너무 많았기 때문이다. 지금도 한국과의 경기 자체를 기억하는 사람은 많지 않아도 모레노 심판은 다 기억하고 있다. 그렇지만 알다시피 바로 다음 월드컵인 2006 독일 월드컵에서 이탈리아가 우승했기 때문에 이전에 뭐가 어쩌했든, 다 괜찮지 않겠나!

——— 움직이는 박물관, 밀레 밀리아

이탈리아에서 축구만큼 인기 있는 스포츠가 모터사이클 경주와 F1이다. 발렌티노 로시Valentino Rossi라는 모터사이클 선수는 거의 한국의 김연아 같은 존재다. F1도 축구처럼 '종교' 비슷하게 고정 팬을 확보하고 있다. 페라리 팬인 나도 아들 레오가 태어나자마자 페라리 티셔츠부터 사 줬다.

모터사이클이나 F1이 인기 있는 이유는 워낙 전통적인 이탈리아 브랜드가 많이 참가하기 때문이다. 오토바이와 자동차에 대한 이탈리아 사람들의 자부심은 엄청나다. 전 세계에서 가장 아름다운 자동차 경주로 알려진 '밀레 밀리아Mille

한국의 김연아 같은 존재인 모터사이클 선수 발렌티노 로시.

나는 축구만큼이나 F1을 사랑한다.

Miglia'에 대한 사랑도 마찬가지다. 밀레 밀리아는 클래식 카를 가지고 있는 사람들이 브레시아를 출발해 로마를 거쳐 다시 브레시아까지 1,000마일을 달리는 경주다. 자동차가 막 등장했던 시절, 1,000마일이란 숫자가 가지는 상징성은 어마어마했다. 에어컨이나 히터도 없이, 그리고 고장 없이 쉬지 않고 1,000마일의 비포장도로를 달린다는 것은 최고의 자동차임을 증명하는 일이었다. 지금은 애초 취지처럼 성능이나 내구성을 겨루는 경기가 아니지만, 아름다운 빈티지 자동차 수집가들이 한자리에 모이는 축제로 자리 잡았다. 1957년 이전에 생산된 클래식 카만 참가할 수 있는 레이스다.

이때가 되면 차를 사랑하는 전 유럽인들이 레이스가 진행되는 길목마다 모여 희귀한 클래식 카들이 지나가길 기다린다. 의자를 들고 나가 앉아서 제대로 관람하는 경우도 많다. 전 세계에서 유일한, 스스로 움직이는 박물관이다. 할아버지한테 물려받은 차를 몰고 온 20대 여성부터 80세의 아버지가 타던 차에 함께 오른 부자父子 등 사연도 가지각색이다. 밀레 밀리아에서 순위는 문제가 되지 않는다. 클래식 카를 사랑하는 사람이라면 한 번쯤 꼭 봐야 하는 축제다. 백발이 성성한 노인들이, 더 이상 새로 교체할 수 없는 부품들을 늘

2015년의 밀레 밀리아. 사진 속 맨 앞에 위치한 자동차는 1933년산 라일리.

어놓고, 몇십 년 전 설계도를 보면서 일일이 차를 손보는 모습들도 매우 아름답게 느껴진다.

지극히 사적인 이탈리아

풍요로운 문화유산의 명암

"L'opera d'arte è sempre una confessione."

"예술 작품은 모두 작가의 고백이다."

Umberto Saba
(움베르토 사바, 시인)

─── 아이돌이 인기 없는 이유

이탈리아 사람들도 한국 사람들처럼 음악을 참 좋아한다. 이탈리아 영화만 봐도 알 수 있다. 주인공들이 늘 음악을 듣는다. 아침에 잠에서 깨자마자, 주방에서 요리를 할 때, 공부할 때, 운전할 때도 언제나 음악이 있다. 나 또한 아침에 눈 뜨면 제일 먼저 하는 일이 음악을 트는 것이다.

초등학교 때는 마이클 잭슨에 빠져 지냈다. 맨날 비디오테이프를 틀어놓고 춤과 노래를 따라하는데, 영어를 모르니 소리 나는 대로 받아 적었다. 아마 전 세계 꼬마들이 마찬가지 아니었을까?

나의 음악 인생을 뒤흔든 때는 고등학교 1학년 여름 캠프였다. 바닷가에서 태닝을 하고 있는데, 친구가 워크맨을 들고 다가왔다.

"알베, 이거 한번 들어볼래?"

레드 제플린Led Zeppelin을 '영접'한 순간이었다. 세상에, 이런 음악이 있다니! 충격과 혼란의 연속이었다. 휴가가 끝나고 집에 가서도 마음이 가라앉지 않았다. 아침에 눈을 떠 밤에 잠들 때까지 하루 종일 레드 제플린을 들었다. 그러면서록 음악에 빠졌다. 지금도 제네시스, 킹 크림슨 등 프로그레

내 인생을 뒤흔든 레드 제플린.

시브 록Progressive rock 장르를 엄청 좋아한다.

그 시절부터 지금까지 나의 생일 선물은 언제나 시디CD
다. 한국으로 다 가져오지는 못했지만 이탈리아 집에 모은
시디가 400장이 넘는다. 중국에서 살 때도 엄청 모았다. 이탈
리아에서 20유로인 시디가 한 장에 20위안이라니…. 천국이
따로 없었다! 그때 가장 친했던 분이 레코드숍 주인이었다.
맨날 가다 보니 중국어는 그분한테 다 배웠다.

이탈리아에는 걸 그룹이나 보이 그룹이 없다. '아이돌'로
서 인기를 끌었던 가장 최근의 사례가 1994년에 결성됐던

지극히 사적인 이탈리아

스파이스 걸스. 뒷줄 가운데가 데이비드 베컴과 결혼한 빅토리아 베컴.

영국의 스파이스 걸스Spice Girls다. 여러 사람이 무대에서 춤추며 노래하는 분위기를 그리 좋아하지 않는다.

　이탈리아에서 인기 있는 음악은 크게 세 가지다. 첫 번째는 실력파 싱어송라이터singer-songwriter, 두 번째는 록 밴드, 세 번째는 잘생기고 예쁜 발라드 가수다. 그런데 세 번째의 경우 10대의 인기를 반짝 끌다가 대부분 금세 사라진다. 걸 그룹의 경우, 한 프로그램에서 서바이벌 형식으로 두세 개 만들었다가 모두 실패했다.

　이유가 뭘까? 글쎄, 같은 10대라 해도 모두 취향이 달라서

팬덤이 쉽게 만들어지지 않는 것 같다. 또 남녀노소를 불문하고 단조롭고 기계적인 음악을 좋아하지 않는 경향도 있다. 가사도 매우 중요하게 생각한다.

나도 그런 영향을 받아서인지 한국 밴드 중에서는 송골매, 들국화, 산울림을 좋아한다. 음악과 가사가 조화롭고 구조도 특색이 있다. 앨범 하나에 담긴 여러 곡이 다 비슷비슷한 음악은 별로 좋아하지 않는다. 최근 밴드 중에는 장기하와 얼굴들, 허클베리핀을 좋아한다. 독특한 정서가 느껴지는, 새로운 음악들이 좋다.

이탈리아에 한국식 노래방은 없지만 노래방 기계가 있는 펍은 있다. 아는 사람들끼리만 듣는 게 아니니까 웬만한 실력이 아니고서는 노래를 신청하기 쉽지 않다. 이와 비슷한 가라오케 스타일인데, 앞으로 나가지 않고 테이블에 앉아 무선 마이크로 노래를 부르는 곳도 있다. 그런 곳에서는 누가 부르는지 안 보이니까 좀 더 용감해질 수 있다.

———— 오페라의 나라

오페라의 나라인 만큼 누구나 한두 개씩 좋아하는 아리아가 있다. 그렇다고 모든 이탈리아 사람들이 베르디 전문가도 아니고, 오페라 하나를 처음부터 끝까지 꿰고 있는 경우도 드물다. 하지만 어릴 때 누구나 꼭 부르는 동요가 있듯이, 모든 사람이 다 알고 있으며 특정한 상황에서 꼭 듣게 되는 아리아가 있다. 예를 들어 〈라 트라비아타La Traviata〉에 나오는 '축배의 노래Libiamo, ne' lieti calici'는 파티나 행사의 식사 분위기를 돋우는 단골 음악이다. 이 노래가 들리면 반사적으로 따라 부르며 행복해진다. '인생은 즐거우니, 즐겁게 살자. 와인을 마시며'라는 가사에 걸맞게 모든 근심을 저절로 잊는다.

내가 가장 좋아하는 아리아는 〈투란도트Turandot〉 중에 칼

〈투란도트〉의 한 장면.

리프 왕자가 부르는 '아무도 잠들지 말라Nessun dorma'이다.
흔히 '공주는 잠 못 이루고'로 잘못 알려져 있다. 한국인들에
게도 광고 음악 등을 통해 익숙한 노래일 것이다. 이 곡이 내
게 특별한 이유는 가사 때문이다. 사랑을 고백하기로 결정한
전날 밤의 떨리는 마음이 그대로 전해져, 들을 때마다 가슴
이 벅차오른다. 이탈리아어가 모국어인 사람에게는 단순히
멜로디에서 오는 감동을 넘어선다. 아리아 자체가 너무나 훌
륭한 시詩이기 때문에 오페라에 나오는 노래들을 흥얼거리
며 자라다 보면 자연스럽게 문학과 친해진다.

——— 아내를 위한 이벤트

아내에게 깜짝 이벤트를 할 때도 오페라를 이용했다. 결혼
전에 함께 일주일간 이탈리아 여행을 하던 중이었다. 저녁노
을이 깔릴 무렵, 웅장하고 아름답기로 유명한 베로나 아레
나Arena di Verona 근처를 지나갔다. 곧 오페라 〈카르멘〉이 시
작될 예정이었고 사람들이 길게 줄을 서 있었다. 아내가 그
들을 보며 말했다.

"아, 이 사람들은 곧 〈카르멘〉 보겠네. 부럽다."

지극히 사적인 이탈리아

결혼 전 아내에게 깜짝 이벤트를 했던 장소, 베로나 아레나.

나는 모른 척하고, 예약한 식당으로 아내를 데리고 갔다. 그리고 저녁을 먹으며 아내에게, 한국에서 미리 예매해 둔 〈카르멘〉 티켓을 건넸다.

"우리도 볼 거야."

물론 베로나 아레나의 압도적인 아름다움을 먼저 보여 주고 싶어서 그곳을 지나갔던 것이다. 이벤트는 성공적이었다. 아내는 엄청 기뻐했다. 처음 한 시간까지는….

어둠이 내리고, 야외에서 느끼는 밤바람과 사랑하는 사람, 모든 게 완벽했다. 이탈리아 사람인 나보다 오페라를 더 잘 아는 아내는 공연에 집중하기 시작했다. 그런데 한 시간쯤

지났을까? 아침 일찍부터 여행을 시작한 데다 이벤트 때문에 긴장했던 나머지 슬슬 피곤이 몰려왔다. 귓속말로 아내에게 물었다.

"아직 많이 남았어?"

"이제 시작인데 무슨 소리야."

네 시간 정도 남았다는 아내의 말을 듣자 머리가 핑 도는 듯했다. 결국 아내를 설득해 중간에 나오고 말았다. 오페라는 역시 쉽지 않다. 낭만은 충분했으니 그걸로 됐다.

─────── 동네 문화생활을 책임지는 극장

아레나에서 오페라를 보는 경험은 이탈리아 사람에게도 흔치는 않다. 보통 오페라를 처음 접하는 곳은 동네 극장이다. 마을마다 광장에 반드시 있는 것이 성당과 첨탑, 그리고 극장이다. 연극을 중시했던 그리스·로마 시대부터 내려온, 각 마을의 문화유산이기도 하다.

나는 대학 때 동네 극장에서 아르바이트를 4년이나 했다. 150명 규모의 작은 극장인데 주중에는 오전에 학생들을 위한 공연을, 주말에는 가족을 위한 공연을 열며 1년 내내 상시

내가 아르바이트를 했던 빌라 데이 레오니(villa dei leoni) 극장.

운영됐다. 극장 아르바이트는 시쳇말로 '꿀알바'여서, 어려운
일은 거의 없다. 공연 전 세팅이 제대로 됐는지 확인하고, 관
객들이 입장할 때 장애인과 노인을 먼저 안내하고, 공연이 시
작되면 늦게 온 사람들을 조용히 들여보내면 된다. 유명인이
나오는 공연이라면, 무대 뒤에 팬들이 몰려가지 않도록 막는
일이 그나마 가장 큰 일이었다. 그래도 주당 10만 원 넘는 수
입이라 대학생에게는 정말이지 쏠쏠한 아르바이트였다.

　한국에는 대학로 등에 극장이 몰려 있고, 젊은 사람들 일

부를 제외하곤 극장을 찾는 일이 많지 않은 것 같다. 이탈리아의 동네 극장은 아주 편안하고 일상적인 공간이다. 보통 초등학교 때 극장에 처음 간다. 국어 시간에 연극이나 오페라 등을 단체 관람한다. 아이들은 극장에 가는 날을 손꼽아 기다린다. 수업을 안 하고 공연을 본다니 어찌 신나지 않겠는가!

극장마다 소속 예술 감독이 1년간의 프로그램을 짠다. 물론 감독의 성격에 따라 개그맨들이 자주 출연하는 대중적인 극장도 있고, 문학 낭독회 등이 중심인 극장도 있다. 공연마다 티켓을 팔기도 하지만 시즌 티켓으로 구매하는 사람도 많다. 집에서 가깝고 저녁 시간에 여유가 있기 때문이다. 연인이나 노부부가 시즌 티켓을 많이 구매한다. 선물용으로도 좋다. 가장 좋은 좌석은 대개 시즌 티켓용으로 지정돼 있어서, 어떤 극장에는 30년 동안 고정된 개인 좌석이 있고, 좌석에 가족 이름이 새겨져 있기도 하다. 예를 들어, 베네치아의 라 페니체 극장Teatro La Fenice이 그렇다. 한 가족이 매년 같은 자리를 구매한다. 티켓 가격은 극장마다 천차만별이긴 하지만 내가 아르바이트를 했던 극장의 경우, 학생은 회당 10유로, 성인은 15유로 정도였다. 시즌 티켓은 40만~50만 원 선이었다.

한국에 편하게 찾을 수 있는 극장이 많지 않은 것은 늘 아

라 페니체 극장.

쉽다. 예전에 독일에 석 달쯤 머문 적이 있는데 언어 공부도 할 겸 공연을 많이 봤다. 한국에 처음 왔을 때도 그래서 공연을 자주 보고 싶었는데, 대학로가 아니면 찾기 쉽지 않았다. 극장들이 대부분 접근성이 좋지 않으니 공연을 잘 안 보게 되고, 공연을 많이 안 보니 극장이 사라지는 악순환이 벌어지는 건 아닐까? 한국의 경우, 이탈리아의 마을 극장과 가장 유사한 형태의 문화 공간은 백화점 문화 센터다. 멀지 않은 곳에서 강연, 공연, 연주회 등 다양한 프로그램이 정기적으로 운영되고 수요도 일정하다. 물론 이 또한 서울 등 대도시에 한정된 이야기지만 말이다.

───── 이탈리아의 '교양'과 한국의 '지식'을
       섞을 수는 없을까?

한국 사회를 보며 늘 부러운 것 중 하나는, 사람들의 전반적인 지식수준이 매우 높다는 것이다. 대학을 나온 사람들의 비율도 높고, 대부분이 스마트폰을 자유롭게 사용할 줄 안다. 신문이나 뉴스의 내용을 대부분 이해하고, 평범한 사람들도 주식 투자를 할 정도이니 이탈리아에서는 상상하기 어

지극히 사적인 이탈리아

려운 수준이다. 일례로 한국은 전문가들의 '강연' 프로그램이 인기가 있는데, 이탈리아에 그런 프로그램 있다면 아마아무도 안 볼 거다. 내가 엄청 똑똑한 사람도 아닌데, 이탈리아에서는 아주 상식 수준의 대화도 막힐 때가 많다. 이를테면 도널드 트럼프처럼 이야기하는 사람들이 너무 많다. 그런데 한국에 오니 다들 교육 수준이 높고 서로 소통이 잘돼서부러웠다. 치안이 좋은 이유도 이러한 교육 수준과 관련이있지 않을까 싶다. 대부분의 사람들이 사회가 돌아가는 시스템을 비교적 정확하게 인지하고 있으니 말이다.

이탈리아는 젊은 사람 중에도, 예컨대 경제 관련 용어를하나도 모르는 사람이 허다하다. 길을 가다 '인플레이션'이뭐냐고 물어보면, 대답하는 사람이 몇이나 될지 모르겠다.이탈리아 정치가 엉망인 것도 정치인들의 지식수준이 너무낮은 데 원인이 있기도 하다. 학력을 따지지 않는 것 자체는좋은데, 국정 운영 전반에 대한 기본 지식이 과연 있기나 한건지 의심스러운 의원들이 많다. 70년 동안 총리가 64회나바뀌었고, 현재 가장 잘나가는 정치인이 트럼프의 열광적인지지자라면, 알 만하지 않은가? 그런데 재미있는 건, 지식수준에 비해 교양 수준은 매우 높다는 점이다. 연극도 많이 보고, 그림도 많이 안다. 물론 문화적으로 풍요로운 환경 덕분이다. 그런 면에서 이탈리아 사람들은 타고난 '복'이 얼마나 큰지 모르는 것 같다. 기본적으로 주어져 있는 게 너무 많아서 감사함을 잘 모른다고나 할까?

인기 있는 영화의 종류만 봐도, 이탈리아에서는 선악 구조가 너무 선명하다든지 플롯이 단순한 작품은 인기가 없다. 소위 '예술성'을 갖춘 작품들을 좋아한다. 한국에서 대중성이 없다고 평가되는 감독들이 이탈리아에서 인기를 얻는 경우도 많다. 김기덕 감독과 홍상수 감독이 대표적이다. 김기덕 감독의 영화 〈비몽〉의 경우, 이탈리아 친구들이 먼저 보고 극찬을 아끼지 않으며 꼭 보라고 해서 개봉하자마자 갔는데, 영화관에 나와 아내를 포함해서 딱 7명이 있었다. 개인적으로 그런 작품을 많이 보고 싶어도 상영하는 곳이 많지 않다. 영화관은 엄청 많은데 볼 수 있는 영화는 그만큼 다양하지 않은 것 같다. 이탈리아에도 물론 할리우드 블록버스터 영화를 개봉하는 곳이 많지만, 규모가 작고 독특한 영화들만 상영하는 곳도 많다. 그렇게 극장끼리 차별화해야 운영이 더 잘된다.

한국은 전반적인 지식수준에 비해 문화적 다양성이 부족하다고 느낄 때가 있다. 특정 영화에만 사람들이 몰리는 것처럼 말이다. 이탈리아에서는 자기가 좋아하는 음악을 두고 몇 시간이고 대화를 이어가는 게 일상적인데, 처음에 한국 친구들과 대화하다가 우연히 핑크 플로이드Pink Floyd를 모르는 친구가 있어서 대혼란에 휩싸인 적이 있다. 이건 마치, 《성경》이란 단어를 처음 들어본다는 것 아닌가….

베스트셀러도 마찬가지다. 이탈리아에서는 '정보'를 전달하는 책이나 자기계발서는 인기가 별로 없다. 감정, 즐거움, 아름다움을 주는 소설이 인기가 많은 편이다. 이와 반대로 한국 사람들은 책을 통해 뭔가 실질적인 것을 얻고 싶어 하

소설 《장미의 이름》 저자 움베르토 에코. 이탈리아에서는 자기계발서보다 소설이 더 인기 있는 편이다.

는 듯하다. 가까운 사람들에게 가끔 우스개로, 한국 사람들은 공부를 좀 덜하는 대신 문화생활을 많이 하고, 이탈리아 사람들은 문화생활 좀 그만하고 공부를 했으면 좋겠다고 말하곤 한다. 둘을 섞어 놓으면 참 좋지 않을까?

이탈리아에서 만날 수 있는
청춘의 부족들

---

*"I cittadini italiani si dividono in due categorie:
i furbi e i fessi."*

"이탈리아 사람들은 두 가지로 나뉜다.
잔머리가 잘 돌아가는 여우와 곰 같은 멍청이들."

Giuseppe Prezzolini
(주세페 프레촐리니, 기자 겸 작가)

유럽을 여행하다 보면 스타일이 독특한 젊은이들이 무리지어 다니는 모습을 쉽게 볼 수 있다. 비슷한 취향과 생활 방식 또는 가치관을 가진 젊은이들의 또래 문화, 일종의 '커뮤니티'다. 고등학생부터 20대에 뚜렷하지만 최근에는 30대 초반까지도 이렇게 라이프스타일을 공유하는 집단이 꽤 있다. 이탈리아뿐 아니라 유럽 전반의 보편적인 현상이기도 하다. 사람 사는 곳은 어디나 끼리끼리 모이게 되니까. 이들을 가리킬 때 아프리카의 '부족Tribe'에 빗대기도 한다. '문화적 부족'이라고나 할까?

★ 파니나리 Paninari

68혁명은 유럽 전역에 커다란 영향을 미쳤다. 기성세대와 물질주의에 대한 반감이 정치적 무정부주의를 확산시켰다. 정치는 사회 전반의 문화에도 영향을 미쳤는데 가장 대표적인 것이 히피 문화다. 히피 문화는 전 세계적으로 젊은이들의 상징적인 문화 현상이 되어 1970년대를 지배했다.

그런데 1980년대가 되자 히피 문화에 반대되는 움직임이 일어났다. 정치에 무관심하고 소비를 즐기며 좋은 옷과 좋은 차를 과시하려는 욕망이 꿈틀대기 시작했다. 전후 경제 성장의 과실을 충분히 누린 세대는 이제 복잡한 정치 문제에 얽

무리의 뒤를 보시라. 햄버거 가게다. 바지 끝을 접는 저런 옷차림이 한국에서도
1990년대 초반에 유행이었다고 들었다.

매이지 않았다. 이런 젊은이들은 거리낌 없이 멋있게 인생을 즐길 준비가 되어 있었다. 한국에서 1990년대에 'X세대'라고 불리는 집단이 출현한 것과 비슷한 맥락이라고 보면 될 것이다.

이때 나타난 대표적인 부족이 바로 '파니나리'다. 당시 이탈리아식 햄버거인 '파니니'를 파는 곳이 우후죽순 늘어나던 때고, 소비지향적 젊은이들이 파니니 가게 앞에 많이 모여 있다고 해서 '파니나리 파니니 먹는 사람들'라는 이름이 붙었다. 파니나리는 젊은이들의 집단 문화가 하나의 사회 현상으로 주목받기 시작한 최초의 '부족'이라고도 할 수 있다.

그들은 백인이지만 인공 태닝으로 사계절 내내 구릿빛 피부를 자랑했다. 헤어스타일은 늘 깔끔했고, 옷도 깔끔하게 입었다. 발목까지 딱 떨어지는 바지와 몸에 꼭 맞는 재킷을 입었다. 몽클레어의 얇은 패딩 점퍼도 이들의 '잇 아이템' 중 하나였다. 반드시 브랜드를 입으며 소위 '짝퉁'은 사절하는, 중산층 집안의 깔끔하고 도시적인 젊은이들이었다.

파니나리는 그 정체성을 '스스로' 규정한 집단이라는 데서도 이후에 이야기할 다른 그룹들과 구별된다. 사회학자 등 외부의 시선에서 규정되기 전에, 당사자들 스스로 특정한 가치관을 표방하며 동질화한 사례라고 볼 수 있다.

★ **피게티** Fighetti

파니나리가 현대식으로 발전한 형태다. 한국에서도 이제 X세대란 말은 쓰지 않지만, X세대에 '뿌리'를 둔 화려하고 소비지향적인 젊은이들의 문화가 특정 지역을 중심으로 남아 있지 않은가? 해가 지고 어둠이 내리면, 머리부터 발끝까지 '몸으로' 불을 밝히며 그들만의 파티를 시작하는, 클럽들이 늘어선 거리를 수놓는 청춘들이라고 생각하면 된다.

전반적으로 깔끔하게 꾸미는 것만 보면 파니나리와 비슷하지만 피게티가 착용하는 아이템들은 더 비싸다. 명품 셔츠에 명품 니트를 걸치고 명품 바지에 명품 신발까지. 딱 보면 거의 패션모델급이다. 밀라노에 가면 많이 볼 수 있다. 이들이 다니는 클럽은 거의 패션쇼를 방불케 한다. 맥주보다는 칵테일이나 위스키를 선호한다. 심지어 마약조차 '대마초 따위'는 피우지 않는다. 코카인쯤은 돼야 한다.

당연히 부유한 집 자제들이고 정치적 성향은 우파다. 이탈리아는 전통적으로 북부 지역은 우파 성향이, 중부 지역은 좌파 성향이 짙었다. 오늘날에는 이런 구분이 더 이상 정치적으로 큰 의미를 갖지 않게 됐지만, 일부 소도시에 가면 직감적으로 '여긴 꽤나 폐쇄적인 분위기네'라거나, 반대로 '이곳은 확실히 인종차별이 덜하고 개방적이군'이라고 느낄 수

지극히 사적인 이탈리아

머리부터 발끝까지 명품으로 도배한 피게티는 대부분 부유한 집 자제들이다.

도 있다. 통일된 역사가 아직 길지 않아, 본래 도시 국가였던 고유의 색깔이 뚜렷이 남은 지역도 많기 때문이다. 앞서 '음식'에 대해 이야기한 챕터에서, 차를 타고 한 시간만 가도 난생 처음 보는 메뉴가 있다고 했던 걸 떠올려 보면 좋겠다. 시간이 흐르면서 점차 '하나의 나라'가 돼 가는 중이긴 하지만, 이탈리아가 막 통일됐을 때 "이탈리아를 만들었으니 이제 이탈리아 사람을 만들어야겠다."라는 말이 괜히 있었던 게 아니다.

★ 메탈라리 Metallari

메탈 음악을 좋아하는 사람들이다. 긴 머리에 검은색 가죽옷을 입고 체인을 주렁주렁 매단다. 피어싱도 많다. 편하게 맥주를 즐긴다.

얼핏 '좌파'로 보이기 쉬우나 특별히 정치적인 지향점을 가졌다고 보기는 어렵다. 그냥 '난 세상이 싫어!'라는 반항, 검은 외침이랄까? 넓게는 '메탈 음악을 좋아하는 사람'들을 통칭하기 때문에, 단어 자체는 사람을 묘사할 때 아주 자연스럽게 쓰인다. 이를테면 "아, 내 동생은 메탈라리여서 나랑은 별로 안 맞아."라든지, "우리 반에도 메탈라리가 있어."라든지.

지극히 사적인 이탈리아

딱 봐도 헤비메탈을 좋아할 것 같지 않나?

★ 알테르나티비 Alternativi

비주류 문화 성격이 강하다는 점에서 메탈라리와 비슷하고, 물질을 중시하지 않는다는 점에서 피게티와 정반대에 있다. 하지만 메탈라리보다 '좌파'적 지향점이 뚜렷한 편이다. 환경을 생각해 자동차보다는 자전거를 타고, 공정 무역을 표방하는 상점에서 물건을 산다. 일부 연성 마약에 대해 합법화를 주장하기도 한다. '다 같이' 평등하고 행복한 사회를 만들어야 한다는 철학이 있고, 여러 사회 문제에 현실적으로

환경과 공동체를 먼저 생각하는 알테르나티비.

지극히 사적인 이탈리아

참여하고자 한다. 한국의 젊은이들 중에도 최근 소셜 네트워크 서비스 등에서 사회 문제에 구체적인 목소리를 내는 경우가 많다. 일회용 컵 대신 텀블러를 쓰는 환경 운동, 동물 보호 운동 등 일상의 작은 실천으로 건강한 사회를 만들자는 움직임이다. 이런 추세가 알테르나티비의 가치관과 매우 비슷하다.

알테르나티비는 동남아시아에서 입는 에스닉한 스타일의 옷들을 빈티지 숍에서 저렴하게 구매한다. 헤어스타일은 주로 레게 머리를 하고, 자유분방한 스타일도 보인다. 대마초를 피우고 술은 가리지 않고 마신다. 클럽에서는 이들을 볼 수 없다. 야외에서 하는 페스티벌, 특히 로큰롤 축제에 자주 모인다.

★ 타마리 Tamarri

한껏 꾸몄는데 뭔가 비호감인 사람들이 있다. 예를 들어 셔츠의 단추를 딱 두 개만 풀면 좋겠는데 그 이상 풀어 헤쳐 지나치게 가슴팍을 자랑한다든지, 근육질인 것까진 좋은데 너무 딱 달라붙는 쫄티를 입었다든지, 느닷없이 망사 옷을 입고 돌아다닌다든지. 타마리는 이렇게 좀 '부담스러운' 타입을 통칭하는 부정적인 표현이다. 부정적인 표현이므로 면전에서

호날두에게는 미안하지만, 가끔 '타마리' 같을 때가 있다.

함부로 사용해서는 안 된다. 물론 당연히 '타마리'처럼 보여서도 안 된다! 단지 비호감 외모뿐 아니라 지적·문화적 수준이 높지 않다는 뜻까지 포함하기 때문이다.

이들은 화려하게 튜닝을 한 차에서 귀청이 떨어지게 음악을 틀고 다닌다. 차에서 잠시 내릴 때는 담배 한 개비를 귀 뒤

지극히 사적인 이탈리아

에 꽂아 줘야 한다. 타마리에게 '허세는 나의 힘'이다. 굳이 예를 들자면, 축구 선수 크리스티아누 호날두가 아주 가끔 타마리 같을 때가 있다. (내가 아니라) 일부 안티팬들의 지적이다.

★ 에모 Emo

창백할 만큼 하얀 피부에 스모키 메이크업. 한없이 민감하고 우울한, 감성적인 사람들이다. 앞머리를 잔뜩 내려 얼굴에 그늘을 드리운다. 1980년대 뉴웨이브 음악을 주로 듣는다. 어둡고 병약해 보이며 우울하다. 독일 밴드 토키오 호텔Tokio Hotel이 대표적인 '에모' 스타일로 잘 알려져 있다.

독일 밴드 토키오 호텔.

★ **가버** Gabber

'쎈' 언니 오빠들. 할 수 있는 모든 부위에 피어싱을 하고 문신이 뒤덮여 있으며 머리카락은 총천연색이다. 술도 무진장 마신다. 레이브 음악을 즐겨 들으며 사회의 규율을 거부한다. 혀에 피어싱을 해서 할머니를 기절시킬 뻔한 나의 둘째 동생이 여기에 속했다. 겉으로만 무서워 보이지 착한 아이다. 다른 가버들도 아마 마찬가지일 것이다!

여행자 입장에서는 두려움을 안겨 주는 가버. 하지만 겉만 그렇다.

지극히 사적인 이탈리아

★ 펑카베스티아 Punkabbestia

이들은 앞서 언급한 부족들과는 좀 차원이 다르다. 이들은 겉모습뿐 아니라 생활 방식 자체를 공유한다. 그 방식은 바로 '노숙'이다. 외모는 가버와 비슷한데 이들은 '자발적으로' 사회 시스템을 거부하고 길거리나 기차역, 빈 건물에 모여 산다. 생활고에 몰려 노숙을 하는 게 아니라 '노동하지 않기'를 스스로 선택했다는 점에서 이 집단의 양상을 하나의 사회 운동으로 보는 시각도 있다. 일부는 저글링을 해서 관람

펑카베스티아는 자발적으로 노숙을 선택하며 살아가는 이들이다. 이들 옆에는 반드시 개가 있으니 구별하기 쉬울 것이다.

료(?)를 받는 경우도 있지만. 독특한 점은 모두 개를 데리고 다닌다는 거다. 펀카베스티아라는 단어가 바로 '펑크Punk'와 '짐승Bestia'의 합성어다. 간혹 위협적으로 구걸을 하거나 마약이나 술에 취해 개를 때려서 경찰이 출동하기도 한다.

실제로 여행을 하다가 이들을 만나면 처음엔 좀 무서울 수도 있다. 사람들이 많이 오가는 길거리에 아무 데나 누워 있어서 경찰이 일어나라고 하면 "내가 내 몸 가지고 누워 있는데, 왜 안 되죠?"라고 한다거나, 동물을 데리고 올 수 없는 곳에 개를 끌고 와서 주의를 주면 "동물들도 인간과 같이 지구 위에서 살아가는 존재인데 왜 안 되죠?"라고 하는 등 현대 사회의 '상식' 선에서 통용되기 어려운 말을 하기도 한다. 기본적으로 모든 종류의 공권력을 거부하는 부족이다.

★ 유피 Yuppies

한국에도 '여피족'이라고 알려져 있는, 바로 그 부류다. 미국 맨해튼의 금융맨들을 떠올리면 된다. 전문직에 종사하고 초고액 연봉에 좋은 집, 고급 승용차. 이들은 피게티와도 구별된다. 피게티가 부모에게 받은 용돈을 아껴서 멀끔하게 차려입는 거라면, 이들은 실제 사회적 성공을 거둔 일중독자다. 생활 자체가 럭셔리하다. 1인당 100유로가 넘는 일식집,

유피는 초고액 연봉을 받는 전문직 종사자다. 생활 자체가 럭셔리하다.

인도 식당 등에서 식사를 하고 휴가는 몰디브로 간다. 축구
는 안 한다. 테니스, 스쿼시, 폴로를 즐긴다. 주로 남자한테
쓰는 단어다.

그럼 나는 어느 쪽이었냐고? 음…, 글쎄. 피게티와 알테르
나티비의 중간쯤? 성향이나 취향은 알테르나티비에 가까운
데, 정리 정돈 잘하고 깔끔한 거 좋아하는 성격은 피게티 쪽
인 것 같다. 하지만 피게티가 되기엔 가진 명품이 없다는 게

함정이다.

　어느 부족이건, 좋고 나쁨의 기준은 없다. 각자 개성이 강할 뿐이다. 그리고 모든 사회 현상은 끊임없이 변화한다. 서로 달랐던 부족에 공통분모가 생기기도 하고 부족 내에서 분화하기도 할 것이다. 이탈리아를 걷다가 누굴 만나든, 두려워할 필요는 전혀 없다. 비슷한 취향을 갖고 있다면, 가볍게 말을 걸어도 된다!

지극히 사적인 이탈리아

내가 생각하는 이탈리아의 명품

이탈리아에서 왔으니, 이탈리아의 명품을 소개해 달라는 질문도 많이 받는다. 역시나 난감한 질문이다. 이탈리아의 이름난 명품은 사실 한국 사람들이 더 잘 아는 것 같다. 그리고 나는 명품의 기준을 정확히 모르겠다. 한국에서 명품은 '누구나 알고 있는 브랜드지만 누구나 손에 넣을 수 없는 비싼 것'이 가장 중요한 기준인 것 같다.

이 기준에 따르자면, 내가 알고 있는 것과 한국 사람들이 알고 있는 명품에는 차이가 없다. 하지만 명품의 기준을 '마에스트로 Maestro가 만들어 낸, 아주 훌륭한 물건' 정도로 바꾼다면 할 말이 조금은 있다.

이탈리아의 명품은 프랑스의 그것과는 결이 조금 다르다. 프랑스는 제국을 경영했던 나라다. 왕족이나 귀족을 중심으로 한 패션이나 물건이 필요했다. 그래서 그들만을 위한 디자이너가 중심이 되어 '작품'을 만들었다.

도시 국가 중심이었던 이탈리아는 다르다. 옷이나 물건들을 만들 때 '제조업' 중심으로 접근했다. 얼마 있지도 않은 왕족이나 귀족보다는 상인들, 부르주아들에게 판매할 수 있는 제품을 만드는 데 주력했다. 그러다 보니 가죽 가공, 직물 산업, 섬유 산업이 발달했다. 지금도 구찌나 조르조 아르마니 같은 이탈리아 명품은 물론 프랑스의 루이비통을 비롯한 명품 브랜드들이 사용하는 원단

조르조 아르마니의 밀라노 매장.

은 이탈리아제라고 보면 된다.

이런 명품에 들어가는 원단이나 소재를 만들던 회사들이 차츰 패션 제품을 만들게 됐고, 그 회사들이 이름을 얻으면서 점차 명품이 되는 게 이탈리아에서 탄생한 명품 브랜드들이 가진 비슷한 역사다.

이탈리아의 대표적인 패션 제품 중 하나가 구두다. 구두는 이탈리아 북부에 여러 브랜드가 있는데 그 이유도 제조업 전통 때문이다. 토스카나 지방은 전통적으로 소를 키워 왔고, 소를 키우다 보니 가죽 산업이 발전했다. 가죽 산업이 발달하다 보니 연관 산업으로 구두가 유명해진 것이다. 이렇게 연관 산업이 한 지역에 클러스터처럼 모여 있어서 자연스럽게 좋은 재료로 품질이 좋은 제품을 만들게 된 것이다.

프랑스 회사들은 이탈리아 회사들에 비해 확실히 장사를 잘한다. 제조업보다는 디자이너 중심이었고, 왕족이나 귀족을 상대했던 전통이 마케팅을 하는 관점에서도 차이를 만들어 내는 것 같다. 그리고 지금은 기술이 발전해서 제조 기술도 큰 차이가 없다. 비싸고 희소성 있는 명품에 있어서 이탈리아보다 프랑스가 앞서 나가는 건 이상하지 않다고 생각한다.

다만 일반인들의 패션 감각은 프랑스보다는 이탈리아가 더 나은 것 같다. 이탈리아 사람들은 일반인들도 훨씬 옷에 신경 쓰고, 옷을 잘 입는다. 이것 역시 제조업 전통에서 나오는 것 같다. 천재적인 디자이너는 없지만, 견실하고 좋은 패션 제품들을 비교적 저렴하게 만들어 낸 덕분에 일반인들도 조금만 신경 쓰면 질 좋은 옷을 입을 수 있다.

이탈리아에 가면 꼭 가 봐야 할 곳 중 하나가 아웃렛이다. 이탈리아 아웃렛에서는 브랜드는 몰라도 질 좋고 상대적으로 저렴한 옷이나 구두를 구매할 수 있다. 고만고만한 기성품이 많은 한국 아웃렛과는 많이 다른 느낌이다. 잘 알려져 있지 않지만 퀄리티가 좋은 회사의 제품들을 만나면 그게 곧 자신만의 명품이 되지 않을까.

이탈리아의 아웃렛은 주로 시 외곽에 있는 곳을 추천한

2003년 롬바르디아 지역에서 문을 연 아웃렛.

다. 보통 무료 셔틀버스를 운영하니 시간만 있으면 부담 없이 다녀올 수 있다. 시내에 있는 아웃렛은 아무래도 땅값 때문에 비쌀 수밖에 없다. 하루 정도 시간을 내서 다녀 보면 아웃렛 때문에 이탈리아에 오게 될지 모른다.

시간이 없다면 편집숍도 추천한다. 젊은 친구들이 운영하는 편집숍은 눈요기를 하기도 좋다. 어떤 스타일로 연출하면 좋을지 배울 수도 있고, 다양한 브랜드를 한눈에 파악할 수 있다는 장점도 있다.

간혹 이탈리아에서 정장을 맞추려면 어떻게 해야 하는지 묻는 경우도 있는데, 내 대답은 "그냥 한국에서 맞추세요."다. 한국에서도 고급 양복점에 가면 다 이탈리아 원단을 쓴다. 테일러들의 솜씨도 대단하다. 좋은 이탈리아 원단과 훌륭한 테일러가 있는데 굳이 멀리 이탈리아까지 갈 필요는 없다고 생각한다. 물론 아주 돈이 많다면, 이탈리아에서 테일러를 보내 줄 수도 있다. 그러나 그럴 정도로 재력이 있는 분들이라면, 내 조언 같은 건 필요 없지 않을까.

제 나라를 골라 태어난 사람은 아무도 없기에, 사람들은 떠날 기회를 기웃거린다. 설령 태어난 나라가 흠잡을 데 없이 맘에 든대도 (그런 사람이 있을까마는) 낯선 땅을 밟는 설렘에 매혹당하지 않기가 어디 쉬울까. 먹고사느라 쫓기는 중에 돈을 쪼개고 짬을 내어 짐을 꾸려보지만 길어야 일주일쯤 머물 이국의 풍경은 엽서에서 봤던 장면을 넘지 못하고, 또 다음을 기약하며, 우리는 꾸역꾸역 다시 '여기'의 삶을 꾸려간다.

아직 이탈리아에 가본 적이 없다. 이탈리아뿐 아니라 그 밖에 많은 나라들에도 아직 가보지 않았지만, 이탈리아란 (특히 여자에게) 어쩐지 달콤한 상상을 품게 하는 곳이었다. 로망의 시작은 아무래도, 로마 한복판 광장 계단에 걸터앉아

젤라또를 먹던 오드리 헵번이었을까. 〈냉정과 열정 사이〉의
두 남녀가 서른 살 생일을 맞이하기로 약속했던 피렌체의 두
오모이었던가. 아니면, 시칠리아의 소극장 '시네마 천국'에서
들려오던 멜로디를 흥얼거리던 때부터였나.

하지만 알베르토와 함께 이 책을 쓰면서 이탈리아는 로마
나 피렌체로 설명될 수 없다는 것을 알았다. 물론 밀라노나
베네치아로도 마찬가지다. 통일된 지 160년밖에 되지 않은,
도시국가였던 과거의 모습들을 지역마다 고스란히 간직하고
있는 나라. 북쪽으로는 알프스의 만년설이 빛나는데 남쪽으
로는 지중해의 태양이 부서지는, 길고 긴 나라. 걸음 닿는 곳
이 박물관이고 미술관이며 유적지인 나라를 담아내는 일은
책 한 권으로도 어림없었다. 하물며 한 편의 영화나 며칠짜
리 여행이야.

내가 훗날 이탈리아를 '직접' 여행할 기회가 있대도, 그 잠
깐의 경험이 알베르토가 들려준 이야기보다 풍부하고 선명
할 수 있을지 모르겠다. 20세기 이탈리아에서 태어나 자랐고
21세기는 한국에서 살고 있는 이탈리아 남자가 선사한 이 커
다란 행운을 더 많은 사람들과 나누기 위해, 보다 또렷이 찬
찬히 쓰려고 노력했다.

외국어로 고국의 문화를 설명하는 일이 쉬울 리 없었겠지

　　　　　　　　　지극히 사적인 이탈리아

만, 알베르토는 (잘 알다시피) 그야말로 스마트하고도 센스 있게, 최선의 소통을 이루어내는 사람이었다. 그는 언제나 뜨거운 애정으로 이탈리아를 말하면서도 이탈리아의 '모든 것'을 전달할 수 없다는 데에 신중했다. 그 조심스러움이, 그를 신뢰하게 만들었다. 일상에 쫓겨 좀처럼 떠나지 못하는, 그러나 언젠가는 반드시 떠날 마음에 부푼 많은 독자들에게도 그 열정과 깊이가 함께 전해졌기를 바란다.

2017년 5월
이윤주

사진 출처

14~15쪽	Gettyimages

커피, 이탈리아인의 쉼표

20쪽, 22쪽	Gettyimages
26쪽	Shutterstock
27쪽	Gettyimages
32쪽	Wikipedia
34쪽, 36쪽	알베르토 몬디
38쪽	Gettyimages
39쪽	Shutterstock
40쪽	틈새책방
42쪽	Shutterstock
44쪽, 45쪽	Gettyimages
47쪽, 48쪽	Shutterstock

'이탈리안 레스토랑'은 없다

52쪽, 54쪽	Gettyimages
57쪽	피렌체 리스토란테 Trattoria Dall'Oste
60쪽	Gettyimages
63쪽	Shutterstock
65쪽	Gettyimages, Alamy
67쪽	Shutterstock, 알베르토 몬디
70쪽	Gettyimages, Alamy
72쪽	Gettyimages
76쪽	Gettyimages, 알베르토 몬디
78쪽	Gettyimages
81쪽	Dreamstime, Gettyimages

82쪽	Shutterstock
83쪽	Shutterstock, Gettyimages
88쪽	Gettyimages
90쪽	Shutterstock
92쪽	알베르토 몬디
95쪽	Shutterstock
100쪽	알베르토 몬디
101쪽	Shutterstock

이탈리아 공식 언어는 28개

108쪽, 109쪽, 110쪽	Gettyimages
113쪽	알베르토 몬디

이탈리아 남자는 고백하지 않는다

118쪽	Shutterstock
121쪽	알베르토 몬디
125쪽	Shutterstock
130쪽	알베르토 몬디

여전히 삶과 죽음을 함께하는 가톨릭

140쪽, 141쪽	Shutterstock
143쪽, 145쪽	Shutterstock
147쪽, 149쪽	알베르토 몬디
151쪽, 153쪽	Shutterstock
156쪽, 158쪽	Shutterstock

지극히 사적인 이탈리아

알베르토와 함께 떠나는 이탈리아 여행

1판 1쇄 발행 2017년 6월 26일
2판 1쇄 발행 2023년 12월 29일

지은이 알베르토 몬디, 이윤주
펴낸이 이민선, 이해진
편집 홍성광
디자인 박은정
홍보 신단하
제작 호호히히아빠
인쇄 신성토탈시스템

펴낸곳 틈새책방
등록 2016년 9월 29일 (제2023-000226호)
주소 10543 경기도 고양시 덕양구 으뜸로110, 힐스테이트 에코 덕은 오피스 102동 1009호
전화 02-6397-9452
팩스 02-6000-9452
홈페이지 www.teumsaebooks.com
인스타그램 @teumsaebooks
블로그 www.naver.com/teumsaebooks
전자우편 teumsaebooks@gmail.com

© 알베르토 몬디·이윤주 2017

ISBN 979-11-88949-60-1 03920